Scoprire i Giochi Gratuiti Online

Disponibile Qui:

**BestActivityBooks.com/FREEGAMES**

# 5 CONSIGLI PER INIZIARE

## 1) COME RISOLVERE LE PAROLE INTRECCIATTE

I puzzle hanno un formato classico:

- Le parole sono nascoste senza spazi o trattini,...
- Orientamento: Le parole possono essere scritte in avanti, indietro, verso l'alto, verso il basso o in diagonale (possono essere invertite).
- Le parole possono sovrapporsi o intersecarsi.

## 2) APPRENDIMENTO ATTIVO

Accanto ad ogni parola c'è uno spazio per scrivere la traduzione. Per incoraggiare l'apprendimento attivo, un **DIZIONARIO** alla fine di questa edizione vi permetterà di controllare e ampliare le vostre conoscenze. Cerca e scrivi le traduzioni, trovale nel puzzle e aggiungile al tuo vocabolario!

## 3) SEGNARE LE PAROLE

Puoi inventare il tuo sistema di segni. Forse ne usi già uno? Per esempio, puoi segnare le parole difficili da trovare con una croce, le parole preferite con una stella, le parole nuove con un triangolo, le parole rare con un diamante, e così via.

## 4) STRUTTURARE L'APPRENDIMENTO

Questa edizione offre un **TACCUINO** alla fine del libro. In vacanza, in viaggio o a casa, puoi organizzare facilmente le tue nuove conoscenze senza bisogno di un secondo quaderno!

## 5) AVETE FINITO TUTTE LE GRIGLIE?

Nelle ultime pagine di questo libro, nella sezione della **SFIDA FINALE**, troverete un gioco gratuito!

**Facile e veloce!** Dai un'occhiata alla nostra collezione di libri di attività per il tuo prossimo momento di divertimento e **apprendimento,** a portata di clic!

Trova la tua prossima sfida su:

BestActivityBooks.com/MioProssimoLibro

# Ai vostri posti, pronti...Via!

Sapevi che ci sono circa 7.000 lingue diverse nel mondo? Le parole sono preziose.

Amiamo le lingue e abbiamo lavorato duramente per creare libri di altissima qualità. I nostri ingredienti?

Una selezione di argomenti adatti all'apprendimento, tre buone porzioni di intrattenimento, una cucchiaiata di parole difficili e una spolverata di parole rare. Li serviamo con amore e entusiasmo in modo che tu possa risolvere i migliori giochi di parole e divertirti imparando!

-------

La vostra opinione è essenziale. Puoi partecipare attivamente al successo di questo libro lasciandoci un commento. Ci piacerebbe sapere cosa ti è piaciuto di più di questa edizione.

Ecco un link veloce alla pagina dell'ordine:

BestBooksActivity.com/Recensione50

Grazie per il vostro aiuto e buon divertimento!

*Tutta la squadra*

# 1 - Salute e Benessere #2

```
G  R  N  P  G  E  K  M  Q  D  N  F  D  A
Q  K  E  J  O  X  N  O  Q  L  M  K  I  P
B  K  N  S  L  N  H  E  R  L  A  O  G  E
M  A  L  S  A  N  O  R  R  P  O  L  E  T
S  N  N  U  T  R  A  D  O  G  O  E  S  I
E  A  L  L  I  N  V  H  Ĝ  J  I  I  T  T
N  S  N  R  P  S  A  I  A  C  K  O  O  O
A  S  Q  R  S  E  N  G  S  E  T  Z  I  I
K  D  A  T  O  E  A  I  A  Z  I  E  R  G
V  N  L  N  H  D  T  E  M  B  Q  P  O  R
I  B  K  U  G  S  O  N  X  A  W  Z  L  E
O  U  F  V  G  O  M  O  R  R  T  P  A  L
D  I  E  T  O  K  I  T  E  N  E  G  K  A
A  Z  O  S  H  L  O  T  K  E  F  N  I  U
```

ALERGIO  
ANATOMIO  
APETITO  
KALORIO  
KORPO  
DIETO  
DIGESTO  
ENERGIO  
GENETIKO  

HIGIENO  
INFEKTO  
MALSANO  
MASAĜO  
NUTRADO  
HOSPITALO  
PEZO  
SANGO  
SANA

# 2 - Aggettivi #2

```
F A M A G D R M F M Z L X O
A S P V R R E A I S A L A J
E E W O P A S L E D T S T B
L R E N U M P S R S N B N U
E E P S R A O A A E E M L Q
G T O R A N N T W S T O Q W
A N R C I F D A X U Ŭ L D B
N I Z L K S E D T L A Q N O
T S E K A N K K S R K R E A
A S A N A A N R P D O L Ĉ A
O P R H C T C H I H N F Y P
B L F R I U I C N B P N Q F
B L H Z G R L Q X Q A W U L
X B B P V A N O R M A L A Z
```

MALSATA
SEKA
AŬTENTA
KREA
PRISKRIBA
DOLĈA
DRAMAN
ELEGANTA
FAMA
FORTA

INTERESA
NATURA
NORMALA
NOVA
FIERA
PURA
RESPONDE
SALAJ
SANA

# 3 - Pesca

```
N  P  Z  U  Z  V  L  C  J  P  F  V  S  E
N  Q  X  A  P  A  A  A  F  E  B  B  X  F
D  Q  Q  G  Y  E  E  K  G  O  O  K  O  H
O  B  R  I  K  O  J  K  V  O  A  T  Z  T
B  X  O  P  U  P  A  U  R  O  T  O  E  R
A  L  I  U  Y  A  H  I  X  O  O  M  P  O
O  O  T  P  M  C  L  R  D  R  A  T  O  I
N  Ĵ  V  P  S  I  E  I  K  E  H  V  Ĵ  G
O  A  F  L  U  E  N  S  X  V  M  T  A  O
Z  P  Ĝ  F  I  N  F  T  U  I  E  A  G  Ĝ
E  I  K  I  Y  C  B  O  B  R  O  K  O  A
S  K  E  M  L  O  L  E  Z  K  A  M  L  L
W  E  K  V  H  O  O  C  E  A  N  O  M  P
T  P  H  L  Y  V  J  I  T  F  F  H  W  L
```

| | |
|---|---|
| AKVO | HOKO |
| EKIPAĴO | LAGO |
| BOATO | MAKZELO |
| BRIKOJ | OCEANO |
| KORBO | PACIENCO |
| KUIRISTO | PEZO |
| TROIGO | NAĜILOJ |
| LOGAĴO | PLAĜO |
| DRATO | SEZONO |
| RIVERO | |

# 4 - Ingegneria

```
X  M  C  K  B  L  B  X  M  D  E  D  S  M
O  I  C  A  T  O  R  Z  J  I  Q  E  T  K
I  B  D  L  F  O  R  T  O  A  S  Z  A  H
H  O  W  K  E  C  H  A  R  M  F  E  B  Z
M  D  Y  U  O  J  X  L  A  E  R  L  I  D
K  A  T  L  L  L  F  H  L  T  O  O  L  I
O  R  Ŝ  O  U  I  E  B  I  R  D  T  E  S
N  U  M  I  G  S  K  V  S  O  N  L  C  T
S  Z  O  G  N  N  E  V  I  X  U  Z  O  R
T  E  T  R  A  O  S  K  A  L  F  G  M  I
R  M  O  E  A  V  I  D  G  I  O  Z  B  B
U  F  R  N  K  P  L  C  E  X  R  J  H  U
O  N  O  E  P  P  W  G  U  E  P  D  L  O
D  I  A  G  R  A  M  O  L  Q  V  R  B  D
```

| | |
|---|---|
| ANGULO | ILAROJ |
| AKSO | LEVILOJ |
| KALKULO | LIKVA |
| KONSTRUO | MAŜINO |
| DIAGRAMO | MEZURADO |
| DIAMETRO | MOTORO |
| DEZELO | PROFUNDO |
| DISTRIBUO | ROTACIO |
| ENERGIO | STABILECO |
| FORTO | |

# 5 - Archeologia

```
T  S  G  P  R  O  F  E  S  O  R  O  S  L
E  P  R  J  O  L  E  C  B  Z  C  O  G  B
A  E  O  A  T  I  S  E  G  R  O  F  T  W
M  R  K  W  N  S  P  R  C  U  T  Z  J  Y
O  T  V  A  J  O  T  N  E  M  G  A  R  F
Z  A  M  J  Q  F  H  D  U  E  W  N  J  P
I  Ĵ  I  B  A  T  A  N  O  K  E  N  Q  O
L  A  S  E  K  R  Z  P  L  L  Y  A  L  S
A  T  T  B  P  V  O  L  P  M  E  T  B  T
N  S  E  R  U  O  K  J  O  T  S  O  A  E
A  E  R  B  J  U  K  C  Y  E  S  N  S  U
H  R  O  U  Y  O  F  O  T  O  M  B  O  L
E  S  P  L  O  R  I  S  T  O  N  B  U  O
C  I  V  I  L  I  Z  O  T  A  K  S  O  O
```

| | |
|---|---|
| ANALIZO | CELOJ |
| JAROJ | OSTOJ |
| CIVILIZO | PROFESORO |
| FORGESITA | RESTAĴA |
| POSTEULO | ESPLORISTO |
| EPOKO | NEKONATA |
| SPERTA | TEAMO |
| FOSILO | TEMPLO |
| FRAGMENTOJ | TOMBO |
| MISTERO | TAKSO |

# 6 - Salute e Benessere #1

| H | F | O | T | R | A | K | T | A | D | O | Z | A | P |
|---|---|---|---|---|---|---|---|---|---|---|---|---|---|
| M | O | R | U | T | K | A | R | F | Z | N | Y | L | V |
| E | O | R | O | T | K | O | D | Q | Z | V | D | T | L |
| D | X | E | M | K | K | N | E | R | V | O | J | O | O |
| I | J | J | I | O | O | L | A | P | O | T | E | K | O |
| C | O | V | T | L | N | W | I | A | K | T | I | V | A |
| I | I | S | U | I | V | O | Z | N | U | O | D | I | N |
| N | R | V | K | B | M | I | J | A | I | S | I | U | H |
| O | E | I | G | E | Q | T | D | H | B | K | E | U | H |
| N | T | R | J | O | L | O | K | S | U | M | O | H | A |
| M | K | U | X | C | R | F | L | S | U | P | V | P | T |
| H | A | S | D | A | F | T | E | R | A | P | I | O | O |
| A | B | O | O | Ĝ | I | Ĉ | E | R | T | S | L | A | M |
| S | I | N | T | E | N | O | T | A | S | L | A | M | G |

KUTIMO
ALTO
AKTIVA
BAKTERIOJ
KLINIKO
MALSATO
APOTEKO
FRAKTURO
MEDICINO
DOKTORO

MUSKOLOJ
NERVOJ
HORMONOJ
SINTENO
REFLEKSO
MALSTREĈIĜO
TERAPIO
TRAKTADO
VIRUSO

# 7 - Aggettivi #1

```
H G H P A K T I V A N U J M
A R O M A J G N L Y Q O M A
F T W J I G D R Z P G G E L
Y A R I U J K E A Y W D H R
P R V A L O R A K N T M M A
P A B S O L U T A Z D H I P
E V M Z B D C X N X O A S I
Z A K I D L A M R I Q T W D
A L W N I P G R E X J W A A
F A L O N G A I D E N T A V
U M T C B W P M O X M J T A
H O N E S T O O M J Y A H R
A M B I C I A G E D N A R G
P E R F E K T A O M D A U O
```

AMBICIA
AROMAJ
ARTA
ABSOLUTA
AKTIVA
GRANDEGA
EKZOTA
MALAVARA
JUNA
GRANDA

IDENTA
GRAVA
MALRAPIDA
LONGA
MODERNA
HONESTO
PERFEKTA
PEZA
VALORA
MALDIKA

# 8 - Geologia

```
K O R K E K Y X T O U B O D
L R W D V T S T F L R R T K
A E I P M A D A K A L C I O
V S G S L T R L R A A T L
O J P P T G K C A O C L K I
B E I P J A G U O K I T A S
X G O N A K L U V D D E L O
K A V E R N O O L F O B A F
T E R T R E M O J K Ŝ E T T
K O N T I N E N T O T N S A
U M I N E R A L O J O A R V
E R O Z I O N V L X N Ĵ O O
H O F O N K T R X I O O U L
S T A L A G M I T O J N C O
```

| | |
|---|---|
| ACIDO | LAVO |
| ALTEBENAĴO | MINERALOJ |
| KALCIO | ŜTONO |
| KAVERNO | KVARCO |
| KONTINENTO | SALO |
| KORALO | STALAGMITOJ |
| KRISTALOJ | STALAKTITO |
| EROZIO | TAVOLO |
| FOSILO | TERTREMO |
| GEJSERO | VULKANO |

# 9 - Campeggio

```
F  Ŝ  Ĉ  A  P  E  L  O  D  N  E  T  A  I
I  N  Q  G  P  M  A  R  H  J  W  T  K  N
W  U  S  K  R  F  M  O  N  T  O  J  O  S
V  R  O  A  A  V  E  N  T  U  R  O  M  E
N  O  X  B  F  C  S  V  F  R  A  T  P  K
O  V  E  A  K  A  V  T  A  H  B  S  A  T
K  U  J  N  N  A  J  K  F  K  R  E  S  O
S  G  Z  O  H  N  N  R  H  I  A  B  O  U
N  Y  K  P  L  A  Ĉ  U  O  Z  T  F  S  Y
N  N  Q  A  U  T  U  A  O  A  R  B  O  J
E  O  O  M  N  U  H  Z  S  N  S  J  I  K
F  E  I  R  O  R  L  U  C  A  L  V  M  Y
N  M  K  W  C  O  I  M  D  A  D  M  I  I
H  A  M  A  K  O  L  A  G  O  T  O  V  D
```

| | |
|---|---|
| ARBOJ | AMUZA |
| HAMAKO | ARBARO |
| BESTOJ | FAJRO |
| AVENTURO | INSEKTO |
| KOMPASO | LAGO |
| KABANO | LUNO |
| ĈASADO | MAPO |
| KANUO | MONTO |
| ĈAPELO | NATURO |
| ŜNURO | TENDO |

# 10 - Arti Visive

```
Ŝ A B L O N A K S P O P T P
K A F G F Z L A K P L Q J R
G O V A E R K R U Q Ĉ U D T
L K M R Q K G B L J E V M A
A I J P Z A G O P I F G T O
Z M K I O W P R T K V X A L
U A C E M N F G A R E G R B
R R Y J L A A N Ĵ E R X G A
O E V Y I W R D O T K V I T
N C K R F F O T O O O A L S
P O R T R E T O I C W K O E
K R A J O N O B M S K S K E
J A U T F J F X P Y T O J J
P E R S P E K T I V O O H C
```

ARGILO
ARTISTO
ĈEFVERKO
KARBO
ESTABLO
VAKSO
CERAMIKO
KOMPONADO
KREAVO
FILMO

FOTO
KRETO
KRAJONO
PLUMO
PERSPEKTIVO
PORTRETO
SKULPTAĴO
ŜABLONA
GLAZURO

# 11 - Tempo

```
W  H  O  J  S  K  A  H  V  M  W  B  H  I
W  X  N  C  Q  Ŭ  A  R  E  I  H  A  O  D
T  A  G  M  E  Z  O  L  G  P  Z  L  R  U
M  I  N  U  T  O  B  Q  E  G  G  D  L  O
J  A  R  C  E  N  T  O  T  N  X  A  O  T
D  S  H  Y  A  O  G  A  T  F  D  Ŭ  Ĝ  N
N  E  L  Y  C  N  I  H  S  I  R  A  O  E
O  M  V  O  C  E  T  N  O  T  S  E  R  M
K  A  N  K  I  T  C  P  P  D  G  L  N  O
T  J  G  E  I  A  K  Ŭ  B  L  I  U  N  M
O  N  Q  D  J  M  O  N  A  T  O  A  V  H
H  O  P  R  J  A  R  O  X  T  L  I  Ŭ  O
R  D  F  A  Y  P  N  W  T  I  N  H  X  R
R  C  L  J  V  V  N  K  N  U  S  A  O  A
```

JARO  
KALENDARO  
JARDEKO  
POST  
ESTONTECO  
TAGO  
HIERAŬ  
MATENO  
MONATO  
TAGMEZO  

MINUTO  
MOMENTO  
NOKTO  
HODIAŬ  
HORA  
HORLOĜO  
BALDAŬ  
ANTAŬ  
JARCENTO  
SEMAJNO

# 12 - Astronomia

```
L U N O J X E L O Ĉ C J K R
M K S T O C G Z D I S Q O A
E O U Ŭ I T T Q A E Q U N O
T S P A R S I O I L Q W S M
E M E N O E R V D O R E T O
O O R O T G K Q A L U B E N
R P N R A F A V R R B H L O
O O O T V U B L I B G G A R
A K V S R F B X A N Z A C T
W S A A E A A Q Q K O B I S
U E O L S X X O F O S K O A
Z L B E B J W S K X L I S X
M E T B O T E K A R R A O O
Z T P L A N E D O V C V N W
```

ASTRONAŬTO
ASTRONOMO
ĈIELO
KOSMO
KONSTELACIO
EKVINOKSO
GALAKSIO
GRAVITO
LUNO

METEORO
NEBULA
OBSERVATORIO
PLANEDO
RADIADO
RAKETO
SUPERNOVAO
TELESKOPO
TERO

# 13 - Circo

```
M  Z  I  B  V  Q  J  Q  K  A  C  S  K  E
O  T  S  I  N  G  O  J  L  H  O  P  H  L
N  G  B  O  B  O  N  O  O  O  P  E  A  E
T  A  A  Z  F  I  O  T  M  C  A  K  S  F
R  K  K  M  K  F  L  S  O  V  J  T  I  A
O  D  A  R  A  P  A  E  P  B  A  A  M  N
D  M  M  P  O  D  B  B  T  J  C  N  I  T
M  U  K  P  Y  B  B  M  J  O  O  T  O  O
M  U  Z  I  K  O  A  N  P  M  R  O  Z  T
M  A  G  I  O  M  X  T  I  U  G  J  U  E
L  E  O  N  O  A  A  S  O  T  I  U  R  N
C  S  R  T  Y  M  Z  X  G  S  T  O  C  D
D  H  E  U  B  X  X  E  U  O  X  Z  A  O
A  M  U  Z  I  B  B  R  T  K  M  A  K  B
```

| | |
|---|---|
| AKROBATO | MAGO |
| BESTOJ | MONTRO |
| BILETO | MUZIKO |
| PAJACO | BALONOJ |
| KOSTUMO | PARADO |
| ELEFANTO | SIMIO |
| JOGNISTO | SPEKTANTO |
| AMUZI | TENDO |
| LEONO | TIGRO |
| MAGIO | RUZO |

# 14 - Algebra

```
D B H Z S R S I X P R D Y F
I Z O Z E T N E R A P I N R
V K O Y N K B L U N F A G A
I N C K F O A I W E O G A K
D U V T I X S N Q K R R P C
O M O A N F L I O S M A R I
N E E D E C A A L P U M O O
O R O T K A F R S O L O B F
V O C I R T A M G N O A L P
L E K V A C I O H E N M E D
O L B A I R A V D N B B M C
S S I M P L I G I T K M O Z
S U B T R A H O B O L Z B Y
Q I P S W J M T P C C J F G
```

DIAGRAMO
DIVIDO
EKVACIO
EKSPONENTO
FALSA
FAKTORO
FORMULO
FRAKCIO
GRAFIKO
SENFINE

LINIA
MATRICO
NUMERO
PARENTEZO
PROBLEMO
SIMPLIGI
SOLVO
SUBTRAHO
VARIABLO
NUL

# 15 - Mitologia

```
J  B  O  X  F  K  F  O  D  M  P  L  M  K
P  B  K  O  T  O  U  V  A  O  L  E  J  K
U  L  Z  C  Z  N  L  R  R  N  A  G  D  A
O  Ĝ  N  E  V  D  M  X  K  S  B  E  D  T
B  E  S  T  O  U  O  X  E  I  N  J  A
V  V  Z  R  R  T  E  J  T  R  R  D  R  S
Ĵ  J  I  O  U  O  R  V  I  O  I  O  G  T
A  V  I  M  T  M  K  L  P  P  N  Z  T  R
L  O  A  N  L  Z  I  D  O  F  T  T  M  O
U  N  I  E  U  S  R  L  G  J  O  I  D  F
Z  U  E  S  K  V  Y  W  I  A  T  A  I  O
O  M  A  G  I  A  V  Z  A  T  R  O  M  Y
T  O  N  D  R  O  P  T  L  O  O  R  E  H
X  U  Q  D  Z  A  Q  S  V  N  F  K  Q  O
```

| | |
|---|---|
| ARKETIPO | ĴALUZO |
| KONDUTO | MILITO |
| BESTO | SENMORTECO |
| KREO | LABIRINTO |
| KULTURO | LEGENDO |
| KATASTROFO | MAGIA |
| DIOJ | MORTA |
| HEROO | MONSTRO |
| FORTO | TONDRO |
| FULMO | VENĜO |

# 16 - Piante

```
U S W Ĝ O N L Q C F K F S E
B T M G A O R E B O P D H S
A E U G R R D A O L H L D F
M R S Z O E D H K I E H O U
B K K A L D J E I O R O L F
U O O U F E Q F N J B P A H
O Q W T R H X N A O O Q T U
R A D I K O K P T A R K E V
T D F A P A R C O R A A P T
G O F A H Z E H B B B K V R
J C W B B L S P I U R T P X
L U B C H O K K A S A O C Z
U S A R B O U M H T H A C O
O O K Q E T W A D O T K L W
```

ARBO
BERO
BAMBUO
BOTANIKO
KAKTO
ARBUSTO
KRESKU
HEDERO
HERBO
FABO

STERKO
FLORO
FLORA
FOLIOJ
ARBARO
ĜARDENO
MUSKO
PETALO
RADIKO

# 17 - Spezie

```
U  I  V  P  I  P  R  O  M  K  I  T  F  S
G  U  S  T  O  L  A  P  V  U  Z  U  V  A
C  A  R  D  A  M  O  M  A  M  A  R  L  F
W  F  E  N  K  O  L  O  N  I  K  M  U  R
L  I  A  O  T  U  A  Q  I  N  H  E  Z  A
T  N  N  X  Y  C  S  H  L  O  B  R  O  N
Z  I  N  G  I  B  R  O  O  K  N  I  C  O
N  U  T  M  E  G  A  Ĉ  L  O  D  C  I  M
A  V  Z  O  X  K  J  C  R  W  L  O  R  A
R  N  A  V  N  I  L  R  U  C  E  P  O  N
A  W  I  N  O  A  O  L  S  R  Q  V  K  I
M  D  L  Z  A  E  O  I  G  J  R  D  I  C
A  C  P  P  O  X  L  N  O  W  H  Y  L  I
K  O  R  I  A  N  D  R  O  B  G  Z  G  L
```

| | |
|---|---|
| AJLO | DOLĈA |
| AMARA | FENKOLO |
| ANIZO | GUSTO |
| CINAMO | GLIKORICO |
| CARDAMOM | NUTMEG |
| CEPO | PIPRO |
| KORIANDRO | SALO |
| KUMINO | VANILO |
| TURMERIC | SAFRANO |
| CURRY | ZINGIBRO |

# 18 - Numeri

```
M  A  A  D  D  J  B  B  D  I  Z  J  J  H
I  F  V  E  G  E  H  D  J  R  Y  K  G  H
J  L  L  K  V  P  K  I  E  T  R  V  N  Q
K  S  A  D  Q  D  O  Z  V  K  Ŭ  A  N  D
K  X  L  U  N  E  K  J  S  E  S  R  S  E
P  D  P  D  W  K  E  A  R  D  C  E  U  C
D  O  K  N  B  S  D  E  K  N  A  Ŭ  P  I
P  E  U  U  E  E  V  V  Z  U  H  W  P  M
C  A  K  Z  M  S  H  H  V  B  Q  T  L  A
W  Q  E  K  D  E  K  K  V  I  N  R  T  L
S  E  P  R  V  Y  S  L  G  D  B  I  V  A
P  U  G  O  H  A  Z  P  D  G  K  V  I  N
A  F  T  D  N  H  R  J  E  G  T  L  N  I
L  D  U  D  E  K  U  E  T  S  O  T  Z  V
```

| | |
|---|---|
| KVIN | DEK KVAR |
| DECIMALA | KVAR |
| DEK NAŬ | DEK KVIN |
| DEK SEP | DEK SES |
| DEK OK | SES |
| DEK | SEP |
| DEK DU | TRI |
| DU | DEK TRI |
| NAŬ | DUDEK |
| OK | NUL |

# 19 - Cioccolato

```
Ŝ  L  L  B  K  P  U  L  V  O  R  O  I  E
J  A  N  O  B  V  A  C  S  E  U  W  N  U
O  Ĉ  T  A  X  O  A  K  A  K  A  O  G  Y
I  L  Y  A  F  H  P  L  B  B  Y  U  R  Q
R  O  Q  Z  T  J  U  O  I  T  N  A  E  V
O  D  N  D  H  A  I  P  Q  T  F  R  D  S
L  K  A  R  A  M  E  L  O  Q  O  A  I  P
A  R  A  R  O  M  O  A  T  O  Z  K  E  D
K  Q  E  P  N  X  P  R  S  S  K  I  N  Q
P  X  B  C  P  L  S  A  U  O  C  D  C  B
E  E  B  N  E  Y  N  M  G  K  L  O  O  E
G  J  R  B  O  P  F  A  O  O  Y  J  B  I
S  U  K  E  R  O  T  F  M  K  U  G  Y  W
O  T  N  A  D  I  X  O  I  T  N  A  N  N
```

AMARA
ANTIOXIDANTO
ARAKIDOJ
AROMO
KAKAO
KALORIOJ
KARAMELO
BONAJ
DOLĈA

EKZOTA
GUSTO
INGREDIENCO
KOKOSO
PULVORO
ŜATATA
KVALITO
RECEPTO
SUKERO

# 20 - Guida

```
A R A P I D O Q X F T P A R
L K M O T O R O S V U I Ŭ U
E L C U X Z O S U B N E T D
M I I I G A R A Ĝ O E D O K
P X A J D G E O K C L I P K
B U T M L E Ĝ H A E O R E B
P F T A V T N D O R T A R R
U O J P Q B A T W U R N M E
F L L O P I D J O K A T E M
J E M I K S W D P E F O S S
E U O P C S H J S S I C I O
P F F F E O T N S O K K L J
M O T O R C I K L O O J O V
T R A N S P O R T A D O X S
```

AŬTO
BUSO
FUELO
BREMSOJ
GARAĜO
GAZO
AKCIDENTO
PERMESILO
MAPO
MOTORCIKLO

MOTORO
PIEDIRANTO
DANĜERO
POLICO
SEKURECO
VOJO
TRAFIKO
TRANSPORTADO
TUNELO
RAPIDO

# 21 - I Media

| | | | | | | | | | | | | | |
|---|---|---|---|---|---|---|---|---|---|---|---|---|---|
| V | V | W | V | L | A | T | K | E | L | E | T | N | I |
| T | E | L | E | V | I | D | O | D | T | O | B | X | Q |
| S | I | N | T | E | N | O | J | U | S | E | Z | J | R |
| J | R | K | M | Q | S | K | O | K | H | L | R | Z | J |
| P | T | A | S | U | G | I | J | O | T | E | Z | A | G |
| E | T | O | D | E | Y | N | R | E | T | O | D | C | F |
| P | L | U | S | I | C | U | T | R | U | I | I | R | I |
| U | E | D | J | E | O | M | O | E | Y | N | G | E | N |
| B | J | I | O | P | K | O | P | F | H | I | I | M | A |
| L | F | V | T | N | T | K | M | K | Z | P | T | O | N |
| I | J | I | K | T | O | L | O | K | A | O | A | K | C |
| K | J | D | A | D | F | O | T | O | J | L | L | N | A |
| O | T | N | F | Y | X | T | B | Z | Z | T | O | C | D |
| U | K | I | I | N | D | U | S | T | R | I | O | G | O |

SINTENOJ
KOMERCA
KOMUNIKO
DIGITALO
ELDONO
EDUKO
FAKTOJ
FINANCADO
FOTOJ
GAZETOJ

INDIVIDUO
INDUSTRIO
INTELEKTA
LOKA
RETE
OPINIO
PUBLIKO
RADIO
RETO
TELEVIDO

# 22 - Forza e Gravità

```
D O Z E P U M D Q Y Z D V W
P R C Y M N A I S R H Y Q X
Z B E A E I G N R X V S U R
Z I N K K V N A A C A P L Z
J T T S A E E M H P A P Y Z
J O R O N R T I O K I Z I F
V O O B I S I K C H C K D O
R D Ĵ H K A S A N T E M P O
A I F A O L M O A O K I F E
K P B U R A O E T V N U N Y
V A Y E X P A N S O J N F N
P R E M O H O D I K M O V O
F R O T A D O R D L Y X H O
P L A N E D O J P E T T P B
```

| | |
|---|---|
| AKSO | MOVO |
| FROTADO | ORBITO |
| CENTRO | PEZO |
| DINAMIKA | PLANEDOJ |
| DISTANCO | PREMO |
| EXPANSO | PROPRAĴOJ |
| FIZIKO | ELKOVO |
| EFIKO | TEMPO |
| MAGNETISMO | UNIVERSALA |
| MEKANIKO | RAPIDO |

# 23 - Uccelli

```
Q  W  M  P  E  W  A  N  A  S  O  V  E  M
R  U  Q  I  E  O  W  R  L  A  K  F  P  R
Y  E  W  Z  H  L  E  O  D  R  L  L  I  O
A  G  L  O  N  G  I  C  L  D  A  A  N  V
S  Q  B  D  J  J  P  K  H  E  F  M  G  O
U  S  P  I  K  W  Q  M  A  O  U  I  V  T
Q  C  K  K  X  O  D  R  S  N  J  N  E  O
R  A  P  O  A  X  L  C  V  T  O  G  N  U
K  Y  Y  K  Q  X  P  O  N  B  R  O  O  C
U  C  I  K  O  N  I  O  M  E  E  U  Q  A
K  P  A  P  A  G  O  Y  U  B  N  X  T  N
O  R  E  S  A  P  P  A  V  O  O  E  Y  O
L  A  N  S  E  R  O  G  J  R  H  W  J  Z
O  D  W  Y  T  E  Q  V  J  L  D  G  J  H
```

| | |
|---|---|
| ARDEO | PAPAGO |
| ANASO | PASERO |
| AGLO | PAVO |
| CIKONIO | PELIKANO |
| CIGNO | KOLOMBO |
| KUKOLO | PINGVENO |
| FALKO | KOKIDO |
| FLAMINGO | STRUTO |
| MEVO | TOUCAN |
| ANSERO | OVO |

# 24 - Giorni e Mesi

```
M  M  Z  D  T  M  D  I  O  I  L  U  J  W
K  E  O  X  N  F  Q  S  R  M  A  R  D  O
X  S  R  N  J  T  I  A  A  X  X  T  S  S
F  O  A  K  A  T  M  W  U  B  L  K  D  J
X  T  J  Z  R  T  A  K  R  N  A  A  N  A
J  U  N  I  O  E  O  I  B  O  D  T  F  N
G  K  O  D  E  R  D  N  E  V  E  A  O  U
D  I  M  A  N  Ĉ  O  O  F  E  C  Ŭ  L  A
S  E  M  A  J  N  O  F  T  M  E  G  I  R
S  E  P  T  E  M  B  R  O  B  M  U  R  O
L  U  N  D  O  G  C  K  P  R  B  S  P  X
S  O  K  T  O  B  R  O  O  O  R  T  A  K
K  A  L  E  N  D  A  R  O  O  O  O  N  I
T  L  J  V  C  S  A  U  H  Q  S  X  T  G
```

| | |
|---|---|
| AŬGUSTO | LUNDO |
| JARO | MARDO |
| APRILO | MERKREDO |
| KALENDARO | MONATO |
| DECEMBRO | NOVEMBRO |
| DIMANĈO | OKTOBRO |
| FEBRUARO | SABATO |
| JANUARO | SEPTEMBRO |
| JUNIO | SEMAJNO |
| JULIO | VENDREDO |

# 25 - Casa

```
I Z I G U F K Z S B S A U A
B L X C E F D P V S P L Z A
A S I U N O O R T S E N E F
R L A M P O Q N X D G P H T
I D Y L U A U G E E U W U E
L O N O F A L P X I L S U G
O K E T O I L B I B O P D M
Ŝ N O P F K U I R E J O U E
I A A O O A V Y A U V D Ŝ N
P L L R G R J G M G R U O T
A P A U K Z D R G J G K K O
T X B M N W W O O Ĝ A R A G
S U B T E G M E N T O F Z K
Ĝ A R D E N O Ĉ A M B R O M
```

| | |
|---|---|
| SUBTEGMENTO | MURO |
| BIBLIOTEKO | PLANKO |
| ĈAMBRO | PORDO |
| FAJRO | BARILO |
| KUIREJO | KRANO |
| DUŜO | BALAO |
| FENESTRO | PLAFONO |
| GARAĜO | SPEGULO |
| ĜARDENO | TAPIŜO |
| LAMPO | TEGMENTO |

# 26 - Fantascienza

```
U T O P I O Q M I A F O W O
U Z Z N M B P I L H T D W D
O R A K O L O S U O A O J E
L K E B R D H T Z C L L M N
P L M L U P K E I A T P X A
R O B O T O J R O Q R S I L
O N E Z W S O A B R V K V P
W I W S U S R B J K J E Q X
M K I N O H B V D S A A V I
J O H A D N I R I M X M F M
A A N R Z A L W J L T K M A
G G B D G A L A K S I O E G
S X F W O E K S T R E M A A
F U T U R I S T A I Q H V H
```

ATOMA
KINO
EKSPLODO
EKSTREMA
MIRINDA
FAJRO
FUTURISTA
GALAKSIO
ILUZIO

IMAGA
LIBROJ
MISTERA
MONDO
ORAKOLO
PLANEDO
ROBOTOJ
UTOPIO

# 27 - Città

```
F  L  P  L  Q  M  T  E  A  T  R  O  B  K
H  Z  H  E  M  E  R  K  A  T  O  I  P  L
R  O  X  R  A  P  O  T  E  K  O  I  R  I
W  T  S  N  A  S  X  S  C  M  P  J  A  N
S  A  J  E  P  B  V  B  A  K  E  J  O  I
Z  T  O  J  E  D  N  E  V  R  E  I  A  K
G  I  A  O  N  E  V  A  H  G  U  L  F  O
A  S  Z  D  M  U  Z  E  O  L  E  T  O  H
L  R  O  Y  I  W  V  Z  D  K  I  D  E  K
E  E  O  C  K  O  T  S  I  R  O  L  F  I
R  V  S  U  P  E  R  B  A  Z  A  R  O  N
O  I  M  F  A  Z  B  A  N  K  O  W  P  O
M  N  L  I  B  R  E  J  O  J  J  O  E  A
R  U  B  I  B  L  I  O  T  E  K  O  M  E
```

| | |
|---|---|
| FLUGHAVENO | MERKATO |
| BANKO | MUZEO |
| BIBLIOTEKO | VENDEJO |
| KINO | BAKEJO |
| KLINIKO | LERNEJO |
| APOTEKO | STADIO |
| FLORISTO | SUPERBAZARO |
| GALERO | TEATRO |
| HOTELO | UNIVERSITATO |
| LIBREJO | ZOO |

# 28 - Fattoria #1

```
A  R  J  T  F  B  F  C  Q  O  N  J  O  F
K  K  A  T  O  Y  A  E  H  R  B  Ĉ  L  P
V  Q  F  C  X  L  U  R  R  U  P  E  E  G
O  D  N  U  H  O  J  J  I  T  K  V  I  N
N  W  U  L  X  A  K  E  T  L  S  A  M  S
I  L  S  N  I  K  A  B  C  U  O  L  Y  E
V  H  M  Z  F  O  D  R  O  K  R  O  P  E
O  P  M  A  K  D  C  V  Z  I  P  E  A  F
B  R  C  N  P  I  S  C  I  R  A  G  A  D
Z  G  U  X  X  V  A  T  R  G  K  R  B  J
K  O  K  I  D  O  E  Z  E  A  Y  E  E  K
N  J  G  J  C  B  L  X  E  R  J  G  L  J
L  T  J  F  H  W  W  R  S  N  K  O  O  T
C  T  H  S  E  M  O  J  R  Z  O  O  U  R
```

| | |
|---|---|
| AKVO | KATO |
| AGRIKULTURO | GREGO |
| ABELO | PORKO |
| AZENO | MIELO |
| KAMPO | BOVINO |
| HUNDO | KOKIDO |
| KAPRO | BARILO |
| ĈEVALO | RIZO |
| STERKO | SEMOJ |
| FOJNO | BOVIDO |

# 29 - Psicologia

```
Q  Z  G  P  P  U  P  T  Y  E  A  K  N  V
V  J  O  E  D  I  C  A  Y  G  K  O  O  T
U  O  B  R  A  Y  V  K  F  O  I  N  M  E
W  I  R  C  U  I  E  S  B  I  N  D  U  R
S  C  W  E  V  Q  C  O  K  S  I  U  M  A
P  O  Q  P  P  K  K  S  D  M  L  T  O  P
W  M  O  T  K  I  L  F  N  O  K  O  W  I
J  E  W  O  S  P  E  R  T  O  J  Ĝ  A  O
S  U  B  K  O  N  S  C  I  A  K  A  U  L
S  C  I  I  Ĝ  O  F  O  G  S  R  N  G  D
P  R  O  B  L  E  M  O  R  E  E  A  E  Y
P  E  R  S  O  N  E  C  O  N  A  F  C  S
C  Z  J  P  E  N  S  O  J  T  L  N  J  G
T  P  V  O  H  R  P  N  A  O  O  I  W  F
```

NOMUMO  
KLINIKA  
SCIIĜO  
KONDUTO  
KONFLIKTO  
EGOISMO  
EMOCIOJ  
SPERTOJ  
IDEOJ  
SENKONSCIA  

INFANAĜO  
PENSOJ  
PERCEPTO  
PERSONECO  
PROBLEMO  
REALO  
SENTO  
SUBKONSCIA  
TERAPIO  
TAKSO

# 30 - Paesaggi

```
P A K V O F A L O K M L G A
Y E G L A C E B E R G O E J
P R N K A V E R N O G F J M
Q W I I X D R R U E W X S F
T M S V N Z L Z Y F S P E I
C G H E E S Z Q U P W R R K
R A M E O R U B M I O Q O D
M T V M Ĉ C O L U S N I R E
O U A A R L E O O Q A Q E Z
Y N L R A D C A T C K S C E
L D O O M U S I N H L H A R
A R H S V N F O O O U S L T
G O U Z D O Y T M A V Q G O
O O A Z O J P L A Ĝ O S N M
```

AKVOFALO
DEZERTO
DUNOJ
RIVERO
GEJSERO
GLACERO
KAVERNO
GLACEBERGO
INSULO
LAGO

MARO
MONTO
OAZO
OCEANO
MARĈO
PENINSULO
PLAĜO
TUNDRO
VALO
VULKANO

# 31 - Energia

```
B A T E R I O M V C K C H K
V A P O R O G E H J H K T A
E L E K T R O D V W B Y C R
H F A L B E G I V O N E R B
P O L U O I N O W L Q D L O
C I T E N N U N A E N E V N
R P I V I D K O U U F Z A O
V O U L B U L R R F Y E R N
E R N W R S E T N O D L M O
N T B N U T A K P W T O O T
T N A N T R U E N B P O Y O
O E F F W I J L J R Y I M F
H E R V S O N E G O R D I H
N M R S J K B E N Z I N O M
```

| | |
|---|---|
| MEDIO | FOTONO |
| BATERIO | HIDROGENO |
| BENZINO | INDUSTRIO |
| VARMO | POLUO |
| KARBONO | MOTORO |
| FUELO | NUKLEA |
| DEZELO | RENOVIGEBLA |
| ELEKTRO | TURBINO |
| ELEKTRONO | VAPORO |
| ENTROPIO | VENTO |

# 32 - Ristorante #2

```
K  K  F  C  C  Y  J  Z  I  S  H  P  N  D
I  R  E  R  R  P  W  N  Q  N  A  Y  W  G
O  R  E  L  U  K  C  E  Y  O  B  S  G  B
M  U  N  E  N  K  T  M  F  G  V  A  A  X
I  Y  G  U  D  E  T  L  E  G  O  M  O  J
J  O  C  E  P  S  R  O  P  U  S  O  C  K
V  Ĵ  F  O  R  K  O  O  I  C  A  L  G  H
T  A  G  M  A  N  Ĝ  O  T  A  L  A  S  Q
D  K  I  O  F  G  N  K  Ŝ  X  H  S  W  I
W  N  P  W  B  I  O  U  R  I  J  Z  N  V
Q  I  Y  T  S  F  D  K  J  J  F  Y  J  G
R  R  W  R  E  A  K  V  O  A  V  Y  F  Z
C  T  Z  O  Ĝ  N  A  M  R  E  P  S  E  V
N  K  X  J  O  V  O  B  O  N  A  J  W  F
```

AKVO

TRINKAĴO

KELNERO

VESPERMANĜO

KULERO

BONAJ

FORKO

FRUKTO

GLACIO

SALATO

SUPO

FIŜO

TAGMANĜO

SALO

SEĜO

SPECOJ

KUKO

OVOJ

LEGOMOJ

# 33 - Moda

```
E  B  V  J  O  B  H  J  H  I  G  S  A  M
L  O  E  T  R  M  R  K  V  B  K  C  T  Q
E  U  S  E  I  E  O  O  L  I  T  S  S  P
G  T  T  N  G  Z  R  F  M  S  F  L  I  B
A  I  O  D  I  U  H  I  N  A  K  E  L  L
N  Q  P  E  N  R  D  T  V  K  D  E  A  Z
T  U  A  N  A  A  K  Q  N  I  D  O  M  X
A  E  C  C  L  D  U  F  Y  T  B  T  I  O
T  E  Z  O  A  O  P  D  Q  K  P  N  N  H
M  O  D  E  S  T  A  S  L  A  A  U  I  X
B  U  T  O  N  O  J  H  M  R  X  P  M  K
K  O  M  F  O  R  T  A  L  P  M  I  S  V
M  O  D  E  R  N  A  K  O  S  T  A  P  X
C  T  E  K  S  T  U  R  O  B  J  Y  M  Q
```

VESTO
BOUTIQUE
KOSTA
KOMFORTA
ELEGANTA
MINIMALISTA
MEZURADO
SKEMO
MODERNA
MODESTA

ORIGINALA
PUNTO
PRAKTIKA
BUTONOJ
BROMADO
SIMPLA
STILO
TENDENCO
TIFO
TEKSTURO

# 34 - L'Azienda

```
K  S  A  L  A  J  R  O  J  D  X  Z  P  T
E  V  I  N  D  U  S  T  R  I  O  O  R  U
B  U  A  E  U  Z  H  Q  O  J  O  I  O  T
L  N  B  L  K  H  V  Y  L  I  E  C  F  M
E  U  H  T  I  Y  N  O  V  I  G  A  E  O
C  O  I  H  Z  T  Y  Y  D  T  A  T  S  N
O  J  D  G  P  J  O  K  S  I  R  U  I  D
E  N  S  P  E  Z  O  P  Y  S  C  P  A  A
T  E  N  D  E  N  C  O  J  Z  D  E  C  K
P  R  O  G  R  E  S  O  N  P  P  R  D  R
R  R  T  G  P  R  O  D  U  K  T  O  L  E
Z  P  O  R  N  I  N  V  E  S  T  O  M  A
A  P  C  W  G  U  P  R  E  Z  E  N  T  O
R  B  Q  U  J  O  D  E  M  I  R  J  Y  B
```

| | |
|---|---|
| KREA | PROFESIA |
| DECIDO | PROGRESO |
| TUTMONDA | KVALITO |
| INDUSTRIO | ENSPEZO |
| NOVIGA | REPUTACIO |
| INVESTO | RISKOJ |
| DUNGO | RIMEDOJ |
| EBLECO | SALAJROJ |
| PREZENTO | TENDENCOJ |
| PRODUKTO | UNUOJ |

# 35 - Giardino

```
H  V  O  T  O  P  N  W  H  J  E  G  R  F
G  A  I  L  R  X  O  N  E  D  R  A  Ĝ  L
A  Q  M  B  B  A  B  E  R  N  R  Z  V  O
R̂  F  W  A  A  A  M  D  B  D  A  O  E  R
A  V  P  L  K  I  V  P  O  Z  S  N  R  O
Ĝ  U  A  F  G  O  U  T  O  W  T  O  A  B
O  S  A  R  E  T  T  I  T  L  I  I  N  A
A  R  B  O  C  E  D  S  I  B  I  A  D  R
Q  O  M  D  I  G  M  M  U  G  W  N  O  I
V  I  W  Y  U  A  B  N  D  B  K  G  O  L
S  L  O  L  I  L  E  V  O  Ŝ  R  N  L  O
B  E  N  K  O  H  E  R  B  O  J  A  U  S
N  D  G  H  T  C  U  S  L  X  L  N  R  O
E  O  V  Z  K  N  W  N  L  J  C  V  T  H
```

ARBO
HAMAKO
ARBUSTO
HERBO
HERBOJ
FLORO
GARAĜO
ĜARDENO
ŜOVELILO
BENKO

VERANDO
GAZONO
RASTI
BARILO
LAGETO
TRULO
TERASO
TRAMPOLINO
HOSO

# 36 - Frutta

```
S  R  F  N  E  K  T  A  R  I  N  O  U  I
K  J  P  I  R  O  G  N  A  M  W  N  D  O
V  L  P  O  N  R  F  Y  D  G  J  O  P  S
O  R  A  N  Ĝ  O  O  T  O  K  I  R  B  A
K  B  R  P  M  P  U  Z  V  J  B  T  R  N
B  U  K  H  J  E  A  C  I  Q  H  I  R  A
U  A  P  Q  F  B  L  P  K  Z  V  C  U  N
E  C  N  I  H  A  U  O  A  O  N  C  S  A
Z  O  D  A  K  O  V  A  N  J  Y  G  O  S
K  Z  B  O  N  M  Q  V  Y  O  O  B  F  B
B  T  J  B  J  O  R  E  B  B  G  Q  X  O
P  O  D  O  W  P  V  I  N  B  E  R  O  R
D  V  P  E  R  S  I  K  O  Z  I  R  E  Ĉ
T  Z  P  R  U  N  O  B  M  A  R  F  K  L
```

ABRIKOTO
ANANASO
ORANĜO
AVOKADO
BERO
BANANO
ĈERIZO
KIVO
FRAMBO
CITRONO

MANGO
POMO
MELONO
RUSO
NEKTARINO
PAPAJO
PIRO
PERSIKO
PRUNO
VINBERO

# 37 - Fattoria #2

```
Ŝ  H  A  K  U  L  T  U  R  O  T  K  A  L
A  O  E  N  V  N  J  M  R  Z  Q  I  N  T
F  I  Y  R  A  A  Z  A  H  I  Q  R  S  R
I  J  F  Q  B  S  I  N  O  A  F  I  E  I
D  L  A  M  O  E  O  Ĝ  R  M  R  G  R  T
O  H  E  H  E  D  J  O  D  Ŝ  U  A  O  I
L  X  V  L  R  C  L  O  E  A  K  D  J  K
E  D  G  U  E  H  Y  G  O  F  T  O  Y  O
G  T  R  A  C  T  O  R  J  O  O  P  L  Y
O  Z  Q  R  P  U  N  W  E  O  R  K  U  B
M  S  O  U  Y  Z  Y  N  S  T  W  T  J
O  X  C  T  X  L  R  R  E  H  W  S  T  H
G  D  R  A  W  U  H  P  R  Q  F  E  E  V
M  H  Y  M  L  D  R  U  G  W  P  W  Q  B
```

| | |
|---|---|
| ŜAFIDO | LAKTO |
| KULTURO | MAIZO |
| ANASO | MATURA |
| BESTOJ | ANSEROJ |
| MANĜO | HORDEO |
| GRENEJO | ŜAFO |
| FRUKTO | HERBEJO |
| TRITIKO | TRACTOR |
| IRIGADO | LEGOMO |
| LAMO | |

# 38 - Verdure

```
Z  T  O  L  L  A  H  S  D  Z  P  I  Z  O
I  I  O  I  R  E  L  E  C  R  A  P  O  T
D  U  N  M  G  M  C  V  H  V  B  X  T  O
K  A  L  G  A  G  R  E  P  T  Q  O  E  R
O  K  O  Ŝ  I  T  R  A  P  S  S  L  R  A
F  U  N  G  O  B  O  G  H  O  B  E  P  K
D  J  A  O  L  V  R  O  C  D  Y  S  O  S
D  G  F  A  O  J  B  O  A  J  L  O  M  A
T  K  A  V  K  H  U  M  V  K  H  R  O  L
Q  Y  R  J  O  R  H  U  B  D  Z  T  Y  A
L  T  N  L  R  A  V  K  V  Q  J  E  Y  T
U  W  G  N  B  P  I  U  B  R  K  P  H  O
M  E  L  A  N  Z  O  K  X  N  J  Z  Y  U
S  P  I  N  A  C  O  K  U  K  U  R  B  O
```

| | |
|---|---|
| AJLO | PIZO |
| BROKOLO | TOMATO |
| ARTISÔOKO | PETROSELO |
| KAROTO | RAPO |
| KUKUMO | RAFANO |
| CEPO | SHALLOT |
| FUNGO | CELERIO |
| SALATO | SPINACO |
| MELANZO | ZINGIBRO |
| TERPOMO | KUKURBO |

# 39 - Musica

```
U  I  M  M  I  K  R  O  F  O  N  O  J  H
D  T  U  M  E  L  O  D  I  O  H  M  A  A
O  M  Z  G  M  K  Q  M  V  L  K  Z  L  R
X  W  I  O  P  E  R  O  T  I  I  I  B  M
F  P  K  O  D  A  L  A  B  I  L  N  U  O
I  H  A  K  I  S  A  L  K  Y  R  S  M  N
M  U  Z  I  K  I  S  T  O  A  F  T  O  I
X  E  A  R  O  R  T  S  I  G  E  R  T  K
V  C  P  I  O  R  A  A  N  R  H  U  S  O
P  T  K  L  M  X  O  D  O  U  K  M  I  C
R  I  T  M  A  P  V  Ĥ  M  Q  T  E  T  B
P  O  E  Z  I  A  O  G  R  V  P  N  N  V
X  J  Y  C  O  W  Ĉ  U  A  S  F  T  A  R
M  Y  S  F  N  A  O  Z  H  U  I  O  K  K
```

ALBUMO
HARMONIO
HARMONIKO
BALADO
KANTISTO
KANTU
KLASIKA
ĤORO
LIRIKO
MELODIO

MIKROFONO
MUZIKA
MUZIKISTO
OPERO
POEZIA
REGISTRO
RITMA
RITMO
INSTRUMENTO
VOĈO

# 40 - Barbecue

```
J O T A M O T T F G M K F B
S A L O A V A R M A R S G T
C D F S L T C E P O J I Y J
S J P I S H R H W V R Q L K
S O D Q A T J A P I P R O O
A D M O T R E L N W I Z T M
L U F E O Q L H L Ĉ P D I A
A L A M R N D O Z F I Q A N
D K M U J O D I K O K L O Ĝ
O S I Z O T K U R F O L O O
J F L I U I S A Ŭ C O G P J
G V I K U V L A S P P I U P
J A O O V N T A G M A N Ĝ O
N H D G S I K V F F C U S D
```

VARMA
MANĜO
CEPOJ
TRANĈILOJ
SOMERO
MALSATO
FAMILIO
FRUKTO
LUDOJ
GRILO

SALADOJ
INVITO
MUZIKO
PIPRO
KOKIDO
TOMATOJ
TAGMANĜO
SALO
SAŬCO

# 41 - Fisica

```
C  M  R  T  P  S  F  X  C  R  K  N  M  S
P  E  A  U  A  N  Z  N  V  V  A  T  O  F
V  K  P  E  R  N  U  M  W  V  O  W  L  W
A  A  I  Y  T  Y  S  H  N  D  M  T  E  F
T  N  D  U  I  E  N  E  X  Y  S  Q  K  R
O  I  E  O  K  I  M  E  K  X  I  N  U  E
M  K  C  O  L  U  M  R  O  F  T  U  L  K
O  O  O  D  O  S  N  A  P  X  E  K  O  V
X  S  A  F  E  R  J  M  W  H  N  L  T  E
E  O  Z  A  G  N  O  O  C  H  G  E  I  N
A  A  Z  O  T  Y  S  T  T  J  A  A  V  C
A  K  C  E  L  O  T  O  O  M  M  Z  A  O
E  L  E  K  T  R  O  N  O  M  Y  F  R  A
U  N  I  V  E  R  S  A  L  A  M  E  G  Z
```

AKCELO
ATOMO
KAOSO
KEMIKO
DENSO
ELEKTRONO
EXPANSO
FORMULO
FREKVENCO
GAZO

GRAVITO
MAGNETISMO
MEKANIKO
MOLEKULO
MOTORO
NUKLEA
PARTIKLO
UNIVERSALA
RAPIDECO

# 42 - Erboristeria

```
K F T S O G T Ĝ U Y K P V O
U E I A R K N A A R F O S R
L N M F Q N C I R R X L F V
I K I R O A U N A R D D H R
N O A A R D X G J Z A E J F
A L N N I J N R P I H G N Q
R O O O G A L E A J L O O O
A B O G A M P D V Z C P T N
Q B R L N O L I Z A B L I F
O L E S O R T E P D L A L L
T E M W I A K N J R E N A O
N F O J B R D C R E K T V R
E E R N H P J O F V W O K O
M Q S F G M A R Ĝ O R O M O
```

AJLO
AROMAJ
BAZILO
KULINARA
TARRAGON
FENKOLO
FLORO
ĜARDENO
INGREDIENCO
LAVENDO

MARĜOROMO
MENTO
ORIGANO
PLANTO
PETROSELO
KVALITO
ROMERO
TIMIANO
VERDA
SAFRANO

# 43 - Danza

```
K  L  A  S  I  K  A  K  J  J  X  M  I  R
A  M  P  C  D  P  Z  U  H  J  O  O  L  I
I  K  U  C  L  P  S  L  M  J  L  V  A  T
C  F  A  Z  X  N  P  T  A  G  W  A  J  M
I  A  X  D  I  A  X  U  D  R  F  D  H  O
D  T  K  O  E  K  D  R  V  A  G  O  H  R
A  C  D  O  Q  M  O  A  M  C  T  R  Q  E
R  R  Q  W  R  Q  I  K  T  E  T  U  E  N
T  F  W  L  F  P  F  O  P  O  H  T  S  T
E  M  O  C  I  O  O  T  P  P  Y  L  P  R
S  I  N  T  E  N  O  R  H  R  L  U  R  A
Ĝ  O  J  A  Y  T  U  A  F  O  O  K  I  P
V  I  D  A  D  C  H  Z  Z  V  E  Y  M  Y
J  O  I  F  A  R  G  E  R  O  K  A  A  R
```

| | |
|---|---|
| AKADEMIO | ĜOJA |
| ARTO | GRACE |
| KLASIKA | MOVADO |
| PARTNERO | MUZIKO |
| KOREGRAFIO | SINTENO |
| KORPO | PROVO |
| KULTURO | RITMO |
| KULTURA | TRADICIA |
| EMOCIO | VIDA |
| ESPRIMA | |

# 44 - Attività Commerciale

```
Y  U  C  N  V  E  N  D  O  Q  M  L  P  R
E  N  S  P  E  Z  O  P  R  O  F  I  T  O
S  I  V  A  R  O  I  T  C  A  C  C  X  T
F  M  S  T  M  X  M  K  E  T  B  V  H  S
Y  P  K  D  Q  D  O  O  A  Ĝ  L  Q  S  E
F  O  N  O  M  U  N  C  U  R  U  C  S  V
I  S  P  K  Q  N  O  O  J  I  I  B  U  N
N  T  U  I  W  G  K  S  F  L  K  E  A  I
A  O  Z  T  K  I  E  J  E  I  Z  V  R  T
N  J  I  U  Y  T  I  J  I  C  C  U  U  O
C  W  N  B  T  O  T  A  B  A  R  E  G  T
O  O  O  A  M  R  I  F  H  B  F  B  J  S
D  U  N  G  A  N  T  O  T  U  L  A  V  O
X  A  I  Q  S  P  O  R  V  K  F  Z  X  K
```

BUĜETO  
KARIERO  
KOSTO  
DUNGANTO  
DUNGITO  
EKONOMIO  
UZINO  
FINANCO  
INVESTO  
VARO  

BUTIKO  
PROFITO  
ENSPEZO  
RABATO  
FIRMAO  
MONO  
IMPOSTOJ  
OFICEJO  
VALUTO  
VENDO

# 45 - Filantropia

```
X F O D A R A F N O B I H T
P H T R M I L D U O N J X R
X H W J O T K A T N O K G Z
M A L A V A R E C O D J T E
W K U H K J O M A R G O R P
L Z Z R I D E V A S H M J F
G N I K R S M R W N P O K I
J R Z O C E T S E N O H O N
O L U N U J V O I S I M M A
N K B P A X M T R P U P U N
A A D N O M T U T I H E N C
F Z A L I J O L E C O J U O
N M K P U B L I K O H G M N
I I J H O M A R O W V M O U
```

INFANOJ
DEVAS
BONFARADO
KOMUNUMO
KONTAKTOJ
FINANCO
FUNDOJ
MALAVARECO
JUNULO
TUTMONDA

GRUPOJ
MISIO
CELOJ
HONESTECO
HOMOJ
PROGRAMOJ
PUBLIKO
HISTORIO
HOMARO

# 46 - Ecologia

```
S O T A T I B A H Y V K R N
V U Z U Y O H S P V B N I A
V A P O T A M I L K O C M T
E M R E J M E U K E C P E U
G A A I R W O C E K E S D R
E R P K O V H N X Y S Z O A
T Ĉ F Q R L I J D T R F J M
A O H V B A Q V F A E L O H
Ĵ J O M U N U M O K V O T B
A D R N M A R A J Q I R N R
R V U B P O T J J Z D A A O
O T T E D A Ŭ R I G E B L A
Y A A J C B I J O I C E P S
E O N Ŭ A F C H S K L A C K
```

KLIMATO
KOMUNUMOJ
DIVERSECO
FAŬNO
FLORA
TUTMONDA
HABITATO
MARA
NATURO
NATURA

MARĈO
PLANTOJ
RIMEDOJ
SEKECO
SUPERVIVO
DAŬRIGEBLA
SPECIO
VARIO
VEGETAĴARO

# 47 - Discipline Scientifiche

```
O S O I G O L O I B S M A W
I H O U O F H Z J I B E S F
G D O C K H P C K O O T T I
O K Y C I O M N V K T E R Z
L M A D M O A L N E A O O I
A I C D A M L W Y M N L N O
R N M L N H E O D I I O O L
E K A O I M E K G O K G M O
N X B T D E G A A I O I I G
I O I G O L O E G N O O O I
M C H M M M B Q C Q I D G O
H W Z C R O I G O L O K E O
W R U W E J G O O A D Y O V
P O K I T S I V G N I L E S
```

ANATOMIO
ASTRONOMIO
BIOKEMIO
BIOLOGIO
BOTANIKO
KEMIO
EKOLOGIO
FIZIOLOGIO

GEOLOGIO
LINGVISTIKO
MEKANIKO
METEOLOGIO
MINERALOGIO
SOCIOLOGIO
TERMODINAMIKO

# 48 - Scienza

```
M  F  I  Z  I  K  O  D  O  T  E  M  L  J
G  O  T  K  A  F  K  Y  A  P  I  N  F  E
R  Z  L  U  A  Z  I  M  R  T  S  V  W  V
A  E  Z  E  M  O  M  B  S  G  U  R  L  O
V  T  W  H  K  R  E  Q  N  F  A  M  L  L
I  O  Z  J  S  U  K  M  X  C  A  I  O  U
T  P  A  X  H  T  L  V  Y  S  T  L  L  O
O  I  Z  I  G  A  D  O  F  R  O  Z  I  T
W  H  R  C  G  N  C  Q  J  P  M  K  S  A
O  R  G  A  N  I  S  M  O  O  O  P  O  M
O  B  S  E  R  V  O  Z  B  F  R  B  F  I
M  I  N  E  R  A  L  O  J  C  C  E  S  L
E  K  S  P  E  R  I  M  E  N  T  O  K  K
L  A  B  O  R  A  T  O  R  I  O  X  W  H
```

| | |
|---|---|
| ATOMO | HIPOTEZO |
| KEMIKO | LABORATORIO |
| KLIMATO | METODO |
| DATUMO | MINERALOJ |
| EKSPERIMENTO | MOLEKULOJ |
| EVOLUO | NATURO |
| FAKTO | ORGANISMO |
| FIZIKO | OBSERVO |
| FOSILO | EROJ |
| GRAVITO | |

# 49 - Boxe

```
T  T  F  A  X  L  X  O  R  M  L  V  R  N
V  L  A  O  N  G  U  P  E  E  P  Q  U  M
D  J  T  O  K  N  W  F  T  N  U  D  O  Y
K  M  I  E  O  U  I  X  R  T  M  F  M  I
A  O  P  D  S  W  S  X  O  O  T  R  O  F
S  T  R  I  V  H  C  O  V  N  J  J  A  Y
O  U  E  P  A  L  G  E  O  O  I  S  I  S
N  B  Ĉ  A  O  P  I  E  D  B  A  T  O  J
O  U  L  R  N  B  A  T  A  L  A  N  T  O
R  K  E  I  F  G  P  U  N  K  T  O  J  P
I  R  D  W  X  N  U  Ŝ  N  U  R  O  J  A
L  G  A  N  T  O  J  L  L  E  R  T  O  P
O  X  L  V  M  Q  G  J  O  J  D  R  K  M
K  O  N  T  R  A  Ŭ  U  L  O  A  D  R  C
```

LERTO
ANGULO
KONTRAŬULO
PIEDBATO
SONORILO
BATALANTO
ŜNUROJ
KORPO
ELĈERPITA

FORTO
FOKUSO
KUBUTO
GANTOJ
MENTONO
PUGNO
PUNKTOJ
RAPIDE
RETROVO

# 50 - Gatti

```
P  E  N  A  G  S  S  W  L  X  Q  V  T  Z
E  D  I  P  A  R  T  E  K  S  A  Ĵ  O  K
R  L  Y  F  T  M  U  P  K  A  P  X  O  K
S  R  F  Y  X  Y  G  Q  A  T  I  M  I  T
O  A  M  U  Z  A  S  D  D  Ĝ  M  E  R  V
N  T  R  V  E  O  S  B  N  R  A  L  A  S
E  C  L  Z  A  Z  E  N  E  R  F  V  Z  L
C  G  A  E  P  A  W  B  P  I  M  R  O  D
O  I  N  U  F  H  A  M  E  D  U  L  I  S
U  L  R  K  W  I  O  U  D  Z  S  D  R  O
M  D  P  C  W  U  H  S  N  Y  O  T  U  H
M  Z  N  I  E  E  O  G  E  G  N  U  K  G
V  O  S  T  O  E  O  T  S  I  S  A  Ĉ  P
A  K  U  K  F  A  T  E  T  A  O  V  U  D
```

| | |
|---|---|
| UNGEGO | FRENEZA |
| ĈASISTO | FELTO |
| VOSTO | PERSONECO |
| KURIOZA | ETA |
| AMUZA | SOVAĜA |
| DORMI | TIMITA |
| TEKSAĴO | MUSO |
| LUDEMA | RAPIDE |
| SENDEPENDA | PAW |

# 51 - Imbarcazioni

```
V  N  Z  K  D  U  M  V  I  P  V  R  H  J
W  L  C  I  O  O  O  T  S  I  R  A  M  J
S  J  X  J  N  V  R  Z  M  Q  P  I  N  V
V  Y  Q  D  D  M  K  K  O  A  Z  T  M  V
L  A  G  O  O  O  N  Q  A  C  R  I  N  O
O  M  I  U  J  T  A  J  D  N  B  E  I  P
C  A  D  B  D  O  K  S  E  G  U  H  N  I
E  S  M  M  O  R  I  Z  L  O  U  O  Z  K
A  T  I  Q  Q  O  T  K  A  J  A  K  O  S
N  O  O  J  R  R  Ŭ  C  V  J  T  V  R  K
O  S  O  L  F  E  A  D  U  D  N  V  U  U
M  A  R  O  L  V  N  L  C  L  Q  R  N  K
G  W  X  O  P  I  Ŝ  L  E  V  R  O  Ŝ  F
S  X  N  E  I  R  J  A  Ĉ  T  O  J  K  E
```

MASTO
ANKRO
VELŜIPO
BUO
KANUO
ŜNURO
SKIPO
RIVERO
KAJAKO
LAGO

MARO
MARISTO
MARE
MOTORO
NAŬTIKA
OCEANO
ONDOJ
PRIMO
JAĈTO
FLOSO

# 52 - Chimica

```
B  T  E  O  L  U  K  E  L  O  M  I  S  X
K  A  R  B  O  N  O  X  C  I  R  E  A  V
A  L  K  A  L  A  J  O  N  O  K  M  L  X
Z  K  R  N  C  R  M  A  F  R  H  V  O  E
O  X  I  Y  J  P  I  T  O  O  F  B  A  L
F  A  L  N  U  K  D  O  B  L  X  A  S  E
N  B  G  A  A  A  R  M  H  K  O  I  Z  K
D  G  S  T  O  G  D  A  X  V  G  F  S  T
F  O  N  E  G  O  R  D  I  H  G  B  L  R
I  H  M  S  T  P  D  O  M  I  Z  N  E  O
O  K  S  I  G  E  N  O  Z  E  P  R  S  N
N  U  K  L  E  A  E  K  P  A  H  X  K  O
Z  A  C  I  D  O  M  R  A  V  G  X  I  Z
K  A  T  A  L  I  Z  I  L  O  D  X  O  J
```

| | |
|---|---|
| ACIDO | HIDROGENO |
| ALKALA | JONO |
| ATOMA | LIKVA |
| VARMO | MOLEKULO |
| KARBONO | NUKLEA |
| KATALIZILO | ORGANIKA |
| KLORO | OKSIGENO |
| ELEKTRONO | PEZO |
| ENZIMO | SALO |
| GAZO | |

# 53 - Api

```
D F Z G F R U K T O N U S V
A B U F L O R O J M F I B A
R V H M C A Z H Q D J N D K
G I P M O S F O N I Ĝ E R S
P C G O A L I T U V G R S O
C A W G S N S O N E L O P B
T X Y V V A Ĝ R A R G J W C
J O T N A L P O B S R O M I
X F X E R R B L E E E L E N
Q M I V M Y X E L C K I Q S
R F E K O T I I U O C G U E
Ĝ A R D E N O M J R R U R K
H A B I T A T O O R O L F T
E K O S I S T E M A I F I O
```

FLUGILOJ  
ABELUJO  
UTILA  
VAKSO  
MANĜO  
DIVERSECO  
EKOSISTEMA  
FLOROJ  
FLORO  
FRUKTO  

FUMO  
ĜARDENO  
HABITATO  
INSEKTO  
MIELO  
PLANTOJ  
POLENO  
REĜINO  
SVARMO  
SUNO

# 54 - Professioni #2

```
H X D A S T R O N A Ŭ T O D
O I R A C E T O I L B I B N
T O T S I U R T S N I N K Ĝ
S X Y Y S B P O G L N V U A
I D S F U E G L G O U E R R
R Ĵ U R N A L I S T O N A D
O T W D V W Z P Y S T T C E
L D E N T I S T O I S I I N
P K I R U R G O Q R I N S I
S B I O L O G O E T T T T S
E Z O O L O G O B S O O O T
I N Ĝ E N I E R O U F Z A O
E N K E T I S T O L C C P S
T F I L O Z O F O I B J M S
```

ASTRONAŬTO
BIBLIOTECARIO
BIOLOGO
KIRURGO
DENTISTO
FILOZOFO
FOTISTO
ĜARDENISTO
ĴURNALISTO

ILUSTRISTO
INĜENIERO
INSTRUISTO
INVENTINTO
ENKETISTO
KURACISTO
PILOTO
ESPLORISTO
ZOOLOGO

# 55 - Letteratura

```
Q  Q  A  Y  K  O  N  K  L  U  D  O  P  J
Y  S  J  N  D  I  A  L  O  G  O  X  O  B
E  W  M  A  E  K  W  N  V  G  Q  R  E  N
B  A  K  N  R  K  N  V  H  X  D  T  Z  B
P  N  T  A  O  I  D  E  G  A  R  T  I  O
H  Q  Y  L  T  K  P  O  M  T  I  R  A  R
T  D  B  I  C  W  C  U  T  U  L  K  J  A
S  E  O  Z  U  W  Y  R  U  O  M  E  O  P
W  T  M  O  M  E  T  A  F  O  R  O  I  M
Y  M  I  O  I  G  O  L  A  N  A  V  N  O
V  S  R  L  A  Ŭ  T  O  R  O  X  A  I  K
G  J  L  R  O  B  I  R  K  S  I  R  P  D
B  I  O  G  R  A  F  I  O  T  W  O  O  T
N  C  P  R  O  M  A  N  O  W  Y  W  Q  Z
```

ANALIZO
ANALOGIO
ANEKDOTO
AŬTORO
BIOGRAFIO
KONKLUDO
KOMPARO
PRISKRIBO
DIALOGO
VARO

METAFORO
OPINIO
POEMO
POEZIA
RIMO
RITMO
ROMANO
STILO
TEMO
TRAGEDIO

# 56 - Cibo #2

```
J O G U R T O L U O L X B Z
M E L A N Z O V I K Q Z A E
B Q S R S P L O G N U F N H
R I Z O Ĉ F I D B I X X A P
S H V P U O Ŝ I F Ŝ V H N N
O V O C Q R K K L K W X O N
K N M M T E D O Ĉ E R I Z O
I T A D J B D K L A X Z P M
T E O P Y N M L A A A V A O
I G Z M G I E P L D D M B P
R B H G A V G B J T G O L J
T J T N H T O Z Z W W X L W
L X Y E J Z O I R E L E C C
F R O M A Ĝ O L O K O R B J
```

BANANO
BROKOLO
ĈERIZO
ĈOKOLADO
FROMAĜO
FUNGO
TRITIKO
KIVO
POMO
MELANZO

PANO
FIŜO
KOKIDO
TOMATO
ŜINKO
RIZO
CELERIO
OVO
VINBERO
JOGURTO

# 57 - Nutrizione

```
P  S  A  T  M  K  A  L  O  R  I  O  J  E
X  O  B  K  L  A  N  A  S  D  I  T  F  K
W  P  N  K  G  I  N  H  D  L  D  S  G  V
K  D  U  M  C  I  K  Ĝ  Z  Q  V  U  A  I
Q  K  A  T  O  G  O  V  E  L  L  G  P  L
Y  T  D  D  D  E  N  V  A  B  M  N  E  I
P  E  Z  O  A  M  A  R  A  Ĵ  L  H  T  B
D  T  H  T  T  L  S  L  S  I  O  A  I  R
I  O  X  E  N  S  A  Ŭ  C  O  A  J  T  A
G  K  A  I  E  K  V  A  L  I  T  O  O  Y
E  S  F  D  M  S  P  E  C  O  J  D  P  G
S  I  P  I  R  V  I  T  A  M  I  N  O  Q
T  N  T  E  E  P  R  O  T  E  I  N  O  J
O  O  I  R  F  N  U  T  R  A  O  Y  R  G
```

| | |
|---|---|
| AMARA | PEZO |
| APETITO | PROTEINOJ |
| EKVILIBRA | KVALITO |
| KALORIOJ | SAŬCO |
| MANĜEBLA | SANO |
| DIETO | SANA |
| DIGESTO | SPECOJ |
| FERMENTADO | TOKSINO |
| GUSTO | VITAMINO |
| LIKVAĴOJ | |

# 58 - Matematica

```
K  A  R  I  T  M  E  T  I  K  O  Z  D  F
F  V  S  L  P  E  R  I  M  E  T  R  O  R
R  M  A  G  E  O  M  E  T  R  I  O  M  A
M  G  G  D  S  I  M  E  T  R  I  O  A  K
D  N  C  F  R  C  B  D  T  Z  E  M  R  C
N  I  V  X  T  A  Y  M  R  P  K  U  G  I
P  G  A  M  B  V  T  O  I  O  S  S  O  O
S  A  U  M  K  K  L  O  A  L  P  A  L  L
U  H  R  W  E  E  I  Z  N  I  O  N  E  Y
W  Z  G  A  P  T  J  J  G  G  N  G  L  M
C  H  A  P  L  F  R  S  U  O  E  U  A  Z
D  M  X  G  N  E  S  O  L  N  N  L  R  T
V  O  L  U  M  O  L  Q  O  O  T  O  A  N
D  I  V  I  D  O  Z  O  K  U  O  J  P  A
```

ANGULOJ
ARITMETIKO
DIAMETRO
DIVIDO
EKVACIO
EKSPONENTO
FRAKCIO
GEOMETRIO
PARALELO

PARALELOGRAMO
PERIMETRO
POLIGONO
KVADRATO
SIMETRIO
SUMO
TRIANGULO
VOLUMO

# 59 - Meditazione

```
P  E  R  S  P  E  K  T  I  V  O  M  Y  Y
B  S  J  U  S  O  O  T  A  P  M  O  K  R
G  I  V  H  S  T  G  B  W  R  I  V  W  E
S  L  D  D  K  P  H  P  G  I  Z  A  G  M
N  E  R  U  E  E  K  X  L  J  K  D  Q  O
Y  N  D  U  O  C  A  P  I  O  F  O  C  C
Y  T  I  T  C  K  C  N  O  K  N  A  D  I
J  O  Z  N  E  A  N  C  O  K  I  D  F  O
O  B  S  E  R  V  O  D  A  R  I  P  S  J
S  Ĉ  Y  T  A  M  E  N  S  O  J  Z  K  O
N  K  I  A  L  M  E  N  T  A  U  L  U  K
E  I  E  L  K  N  A  T  U  R  O  Z  L  M
P  G  H  T  E  L  I  V  K  N  A  R  T  U
M  I  K  D  C  F  S  I  N  T  E  N  O  T
```

AKCEPTO
ATENTU
TRANKVILE
KLARECO
KOMPATO
EMOCIOJ
FELIĈO
DANKON
MENTA
MENSO

MOVADO
MUZIKO
NATURO
OBSERVO
PACO
PENSOJ
SINTENO
PERSPEKTIVO
SPIRADO
SILENTO

# 60 - Elettricità

```
N E G A T I V O G N I T P E
E L E K T R O W M X H S O L
T E L E F O N O L B A K Z E
C Y Z E O R P A K L L L I K
D E X D K E T M W B R U T T
R O L G E S Z Z A E T I I R
A Z X O B A N P H L T D V I
T F G I J L L O B L U B A S
O K W R G N S T O K A D O T
J H H E H L U E E R Y X L O
O R O T A R E N E G E P F I
V P Y A I F I G V C V T Y O
K K O B G J O A T U R L O D
E K I P A Ĵ O M K V A N T O
```

EKIPAĴO
BATERIO
KABLO
STOKADO
ELEKTRISTO
ELEKTRO
DRATOJ
GENERATORO
LAMPO
BULBO

LASERO
MAGNETO
NEGATIVO
CELOJ
POZITIVA
INGO
KVANTO
RETO
TELEFONO

# 61 - Antiquariato

```
M A R T O L M J I D G L R H
O E L G A T N A G E L E H S
T Y B L F C I M S D K P S S
N R V L M H G A A J N C M K
E J W J O K O N D I Ĉ O O U
C O Z V I G Z R I E U T N L
R K V I C A E O N D W I E P
A E D Q K L R Q V F R L R T
J D S J Ŭ E P P E Q P A O A
F R H T A R K I S L W V J Ĵ
W A W W A O L I T S H K Q O
R J O O U R X V O I M N X W
V A L O R O O A Ŭ T E N T A
N E K U T I M A V O N L A M
```

ARTO
AŬKCIO
AŬTENTA
KONDIĈO
JARDEKOJ
ORNAMAJ
ELEGANTA
GALERO
NEKUTIMA
INVESTO

MEBLO
MONEROJ
PREZO
KVALITO
RESTARO
SKULPTAĴO
JARCENTO
STILO
VALORO
MALNOVA

# 62 - Escursionismo

```
K  Q  C  P  Y  X  J  B  M  F  Y  T  O  J
F  L  X  P  I  H  P  E  O  Y  E  E  R  E
X  R  I  S  U  N  O  S  N  D  P  N  I  V
A  L  M  M  D  A  Y  T  T  P  N  D  E  E
K  R  G  U  A  O  Z  O  O  Q  Z  U  N  T
V  W  O  M  C  T  J  J  S  Z  X  M  T  E
O  T  M  Z  P  Y  O  F  I  L  K  A  I  R
S  M  A  P  O  D  K  R  N  Y  W  D  Ĝ  O
J  O  N  O  T  Ŝ  R  J  A  M  I  O  O  R
U  P  V  I  J  H  A  B  L  P  W  P  A  U
Y  R  O  A  Z  E  P  O  N  X  E  Z  W  T
L  A  C  A  Ĝ  Y  Z  T  L  Z  P  R  B  A
F  Q  P  U  Q  A  C  O  Q  P  S  X  P  N
X  L  P  E  Z  B  P  J  P  U  N  T  O  P
```

| | |
|---|---|
| AKVO | PEZA |
| BESTOJ | ŜTONOJ |
| TENDUMADO | PREPARO |
| KLIMATO | KLIFO |
| MAPO | SOVAĜA |
| VETERO | SUNO |
| MONTO | LACA |
| NATURO | BOTOJ |
| ORIENTIĜO | PUNTO |
| PARKOJ | |

# 63 - Professioni #1

```
B  E  X  B  K  G  I  Z  G  U  X  O  O  Z
L  A  U  E  I  O  V  I  E  A  O  T  F  O
Y  O  N  V  O  M  O  N  O  R  T  S  A  U
N  C  J  K  R  R  T  O  L  A  S  I  R  V
S  M  F  P  I  I  S  T  O  M  I  N  G  N
Z  C  K  P  T  S  I  A  G  B  C  J  O  M
P  B  I  W  P  N  T  K  O  A  N  E  T  U
R  I  O  E  G  K  R  O  V  S  A  R  R  Z
G  G  A  Q  N  Q  A  V  K  A  D  T  A  I
I  B  Y  N  A  C  M  D  M  D  H  V  K  K
L  N  E  M  I  E  I  A  K  O  O  Y  N  I
C  P  K  O  D  S  O  S  W  R  G  I  G  S
V  N  Z  Z  E  M  T  J  T  O  M  U  U  T
Ĉ  A  S  I  S  T  O  O  Z  O  L  I  C  O
```

TREJNISTO
AMBASADORO
ARTISTO
ASTRONOMO
ADVOKATO
DANCISTO
BANKISTO

ĈASISTO
KARTOGRAFO
GEOLOGO
MUZIKISTO
PIANISTO
SCIENCISTO

# 64 - Antartide

```
A H F N A C B J J O B U N W
Y K C O R J J A O J A B Q R
E G V J G O X X L W N O R C
S E P O I D E M U E A G V H
P O E R W P A F S N N J N I
L G N E S C I E N C A O Q E
O R I Ĉ G N O N I Z Y L J X
R A N A N L C D U H L A M P
I F S L I F A A B U B R I E
S I U G V K J C I Y C E G D
T O L V D R T L I J D N R I
O E O V X J D Q J O T I A C
T E M P E R A T U R O M D I
K O N S E R V A D O A Q O O
```

AKVO
MEDIO
BAJO
BALENOJ
KONSERVADO
GEOGRAFIO
GLAĈEROJ
GLACIO
INSULOJ

MIGRADO
MINERALOJ
NUBOJ
PENINSULO
ESPLORISTO
ROCKY
SCIENCA
EXPEDICIO
TEMPERATURO

# 65 - Libri

```
D  K  O  L  E  K  T  O  I  R  E  S  Q  C
H  A  V  T  E  D  M  V  U  A  F  H  A  P
I  V  F  T  X  E  I  O  P  K  K  X  R  M
S  E  A  B  I  R  K  S  U  O  C  E  U  D
T  N  K  O  N  A  M  O  R  N  X  R  T  L
O  T  I  I  V  G  G  Y  A  T  A  E  A  E
R  U  G  Z  E  K  T  N  L  A  Ŭ  L  R  G
I  R  A  E  N  E  D  U  N  N  T  E  E  A
A  O  R  O  T  X  K  X  F  T  O  V  T  N
J  D  T  P  A  P  A  Ĝ  O  O  R  O  I  T
K  U  N  T  E  K  S  T  O  K  O  G  L  O
H  U  M  U  R  A  I  X  Y  W  T  Z  V  J
E  E  J  F  X  N  M  J  R  U  T  N  C  E
R  A  K  O  N  T  O  E  P  O  P  E  A  D
```

| | |
|---|---|
| AŬTORO | PAĜO |
| AVENTURO | POEZIO |
| KOLEKTO | RELEVO |
| KUNTEKSTO | ROMANO |
| DUECO | SKRIBA |
| EPOPEA | SERIO |
| INVENTA | RAKONTO |
| LITERATURA | HISTORIA |
| LEGANTO | TRAGIKA |
| RAKONTANTO | HUMURA |

# 66 - Geografia

```
M K M A P O R E V I R N M B
A O V Z M D D U K U Q O O W
R N X L X R O U R N F N N H
O T N A U O L U S N I M D E
L I L N W N A H G X W O O M
A N Q D A J I E W V T T B I
T E K O N O I G E R H N Z S
I N O C E A N O C W T E A F
T T M O N T O W L Y X D T E
U O N A I D I R E M Q I L R
D T E R I T O R I O A C A O
O I A R F Z M G H I W K S Z
U R B O F I A L T E C O O U
Q B Z L W I D F R J J I R F
```

| | |
|---|---|
| ALTECO | MERIDIANO |
| ATLASO | MONDO |
| URBO | MONTO |
| KONTINENTO | NORDO |
| HEMISFERO | OCEANO |
| RIVERO | OKCIDENTO |
| INSULO | LANDO |
| LATITUDO | REGIONO |
| MAPO | SUDO |
| MARO | TERITORIO |

# 67 - Cibo #1

```
C T I N U S O K H P G R R E
O E K A R O T O O T N E M T
I F P A R R N T R Y N D I S
U F C O A I Z K D S A L O P
B C B K T P J A E O C R G I
M X R U D A I L O N O L A N
B X B K W F L A K O X O R A
I B A L F Y W A U R K A F C
A B Z O R E K U S T K J X O
C H I U S W Q A V I A N D O
Z G L O K L D K J C O P R E
X J O M A N I C D L B L A L
E L O M M H B N P U O P A R
D W R C P A K L X G Q E H G
```

AJLO
BAZILO
CINAMO
VIANDO
KAROTO
CEPO
FRAGO
SALATO
LAKTO
CITRONO

MENTO
HORDEO
PIRO
RAPO
SALO
SPINACO
SUKO
TINUSO
KUKO
SUKERO

# 68 - Etica

```
O  E  I  I  N  O  Ĝ  A  S  B  R  A  E  D
P  A  G  U  U  C  K  R  P  G  C  K  O  O
T  Y  A  X  X  N  S  B  A  K  W  C  M  M
I  O  T  O  L  E  R  E  M  O  Y  E  S  N
M  C  K  C  A  I  T  A  M  O  L  P  I  D
I  E  E  E  X  C  T  G  C  A  F  T  U  B
S  T  P  I  J  A  R  P  G  P  Y  E  R  H
M  S  S  C  W  P  Q  E  D  K  W  B  T  O
O  E  E  A  K  T  M  N  A  I  D  L  L  M
J  N  R  R  T  B  F  P  J  L  G  A  A  A
K  O  M  P  A  T  O  U  T  O  I  N  H  R
K  H  K  U  N  L  A  B  O  R  O  S  O  O
I  N  T  E  G  R  E  C  O  O  A  I  M  P
I  N  D  I  V  I  D  U  I  S  M  O  B  O
```

ALTRUISMO
KOMPATO
KUNLABORO
DIGNO
DIPLOMATIA
INDIVIDUISMO
INTEGRECO
HONESTECO
OPTIMISMO

PACIENCO
AKCEPTEBLA
RACIECO
REALISMO
RESPEKTA
SAĜO
TOLEREMO
HOMARO

# 69 - Aeroplani

```
V M H H X Q G N U N Ĉ A N P
Q L I I T S C E L D I J A A
H C S D S H O V S U E M V S
V R T R H K C O G A L O I A
H F O O W A E R E T O T G Ĝ
A X R G S K L U P M W K I E
Q K I E P A U T C O R E A R
D O O N I R B N O S P R S O
E N L O L B R E C F L I D M
V S E R O A U V E E T D K H
E T U O T L T A T R B V S S
N R F T O O F N L O O I P E
O U V O W N J Q A N Z J Z K
V O Z M L O Ĝ I R E T R U S
```

ALTO
ALTECO
AERO
ATMOSFERO
SURTERIĜO
AVENTURO
FUELO
ĈIELO
KONSTRUO
DIREKTO

DEVENO
SKIPO
HIDROGENO
MOTORO
NAVIGI
BALONO
PASAĜERO
PILOTO
HISTORIO
TURBULECO

# 70 - Governo

```
M O J M O I C A N N L B O F
M I X O J N G I J R D E P S
K C J N T D V C U T I C Ĝ N
Z U Q A J E I A Ĝ F S G L O
S T A T O P D N A D K P I D
E I L I K E A C J I U V B A
G T I V I N N H H S T J E L
A S V I T D T A Q T O J R O
L N I C I E O L D R L U E R
E O C N L N C J E I O S C A
C K I Y O C I T V K B T O P
O Z K O P E K F C T M E Q E
M O N U M E N T O O I C Q P
D E M O K R A T I O S O W Y
```

GVIDANTO
CIVITANO
CIVILA
KONSTITUCIO
DEMOKRATIO
PAROLADO
DISKUTO
JUĜAJ
JUSTECO
INDEPENDENCE

LEĜO
LIBERECO
MONUMENTO
NACIA
NACIO
POLITIKO
DISTRIKTO
SIMBOLO
STATO
EGALECO

# 71 - Bellezza

```
H  E  K  O  N  S  I  S  T  O  J  Y  G  K
A  L  J  O  L  K  U  B  H  F  X  G  L  O
T  E  I  T  V  R  G  R  Â  A  C  E  J  A  L
O  G  U  S  A  B  K  Ĉ  R  P  R  O  T  O
P  A  E  I  G  X  W  A  A  S  B  K  A  R
A  N  Q  L  O  C  T  R  C  E  N  I  U  O
R  T  J  I  E  D  I  M  S  R  W  T  W  O
F  A  N  T  W  G  O  O  A  V  W  E  J  S
U  J  M  S  C  L  A  R  M  O  F  M  N  O
M  Q  R  F  E  V  B  N  O  J  Q  S  F  U
O  Q  O  X  W  T  J  O  T  U  D  O  R  P
S  P  E  G  U  L  O  G  O  E  U  K  P  M
F  O  T  O  G  É  N  I  C  O  C  M  A  A
S  B  V  X  V  M  O  L  I  D  N  O  T  Ŝ
```

KOLORO
KOSMETIKOJ
ELEGANTA
ELEGANTECO
ĈARMO
TONDILO
FOTOGÉNICO
PARFUMO
GRACE
GLATA

MASCARA
PRODUTOJ
ODORO
BUKLOJ
SERVOJ
ŜAMPUO
SPEGULO
STILISTO
KONSISTO

# 72 - Avventura

```
B P S P I O D A G I V A N N
E R O M S A I Z U T N E U A
L E S G M J F D W H V L R T
E P V N B N I I U Z C T G U
C A N D T O C E R U K E S R
O R H B J X U B R A V O S O
C O A C C T L Q A J O N R C
Q S M S G P T Q F S S I U N
A M I K O J O C E V I T K A
V C T N Ĝ O J O H C M S R Ŝ
O M U I T I N E R O T E N F
N E K S K U R S O P B D X T
A R E Ĝ N A D V O J A Ĝ O J
I Y N D C T N B H X W H F U
```

AMIKOJ
AKTIVECO
BELECO
ŜANCO
BRAVO
DESTINO
DIFICULTO
ENTUZIASMO
EKSKURSO
ĜOJO

NEKUTIMA
ITINERO
NATURO
NAVIGADO
NOVA
DANĜERA
PREPARO
SEKURECO
VOJAĜOJ

# 73 - Forme

```
C O M T R I A N G U L O C C
K O N U S O R E F S Q A W I
F P P K A E R E L I P S O R
C G D R K B L X O J X L M K
P O L I G O N O K U R B O L
H R E C T A N G U L O A P O
K I O V A L A V N E G K C P
U Q P K V A D R A T O K I I
B C C E P D F G B O I Y L R
O M S I R P O L U G N A I A
A R K O P B P S A A I I N M
R A N D O J O T O N L K D I
C K V U A Y U L N P K Y R D
W M C H N V R E O M T O O O
```

ANGULO
ARKO
RANDOJ
CIRKLO
CILINDRO
KONUSO
KUBO
KURBO
ELIPSO
HIPERBOLO

FLANKO
LINIO
OVALA
PIRAMIDO
POLIGONO
PRISMO
KVADRATO
RECTANGULO
SFERO
TRIANGULO

# 74 - Oceano

```
N  P  L  H  B  P  G  K  Q  P  R  W  K  E
R  Z  J  E  O  D  U  T  S  E  T  P  R  A
R  I  F  O  A  H  O  K  R  A  Ŝ  O  A  N
H  D  V  S  T  J  S  T  S  X  M  L  B  E
H  S  M  U  O  C  T  N  A  L  J  P  O  I
S  P  O  N  G  O  R  P  L  C  E  O  M  Q
F  Q  K  I  C  N  O  C  O  D  J  M  R  N
F  R  O  T  S  E  Z  A  F  I  Ŝ  O  O  K
Q  S  K  M  I  L  O  L  A  R  O  K  T  K
F  Q  I  V  M  A  E  G  O  I  E  L  Ŝ  F
W  L  L  W  W  B  J  O  Z  U  D  E  M  H
X  B  A  H  I  W  I  J  O  D  N  O  F  U
T  L  S  D  E  L  F  E  N  O  D  Q  L  E
D  Y  T  A  A  N  G  I  L  O  J  G  E  H
```

| | |
|---|---|
| ALGOJ | OSTRO |
| ANGILO | FIŜO |
| BALENO | POLPO |
| BOATO | SALO |
| KORALO | RIFO |
| DELFENO | SPONGO |
| SALIKOKO | ŜARKO |
| KRABO | TESTUDO |
| MEDUZOJ | ŜTORMO |
| ONDOJ | TINUSO |

# 75 - Famiglia

```
E G B H O F P B W B W P G F
I U C L E G K F I L I N O R
S P P A T R I N O R H G P A
K U Z O V A O R T A P V A T
I P A T R I N A T I Q I T O
E N H B O N I L K N O N R N
D O F U H X T A I F R F A E
Z T N A C Y A Z A A T A N V
I I I K N B R E V N A N R O
N C P Z L O F D I A P O N K
O D L I C O J Z N Ĝ A P B K
L V Y I T M P O O O R E Y V
N I S L A N A B U D P N Y P
X Q F T U B W M T O P T Q J
```

| | |
|---|---|
| PRAPATRO | EDZINO |
| INFANOJ | NEVO |
| INFANO | NEPO |
| KUZO | AVINO |
| FILINO | AVO |
| FRATO | PATRO |
| INFANAĜO | PATRA |
| PATRINO | FRATINO |
| EDZO | ONKLINO |
| PATRINA | ONKLO |

# 76 - Creatività

```
A N I N T U I C I O C R J U
Ŭ I N V E N T A Y A T Q F Z
T A A G O C E S N E T N I F
E H M H M G M O K G T A E L
N S A N R S O L E R T O Z S
T U R R D S C V I Z I O J F
I O D S E E I T C D I M V L
K B I L D O O A V T D I I U
E G Y A P K J R N Q E R G E
C N E M R L C T I K O P L C
O C E R A L K A O P J S E O
P B A E N A T N O P S E C E
Y I M P R E S O V C P N O K
U N I M A G P O V O D H I L
```

LERTO
ARTA
AŬTENTIKECO
KLARECO
DRAMAN
EMOCIOJ
ESPRIMO
FLUECO
IDEOJ
IMAGPOVO

BILDO
IMPRESO
INTENSECO
INTUICIO
INVENTA
INSPIRO
SENTO
SPONTANEA
VIZIOJ
VIGLECO

# 77 - Veicoli

```
F  L  O  S  O  N  V  K  N  T  Z  H  A  L
S  K  L  E  B  S  Q  A  X  R  O  E  V  Y
C  K  B  D  U  X  T  M  M  A  L  L  I  A
P  J  O  Ŭ  E  N  P  I  O  C  K  I  A  M
R  M  N  T  D  N  V  O  I  T  I  K  D  B
I  I  A  A  E  X  T  N  S  O  C  O  I  U
M  Z  V  N  Ŭ  R  I  O  K  R  I  P  L  L
O  C  A  M  X  T  O  T  A  O  B  T  O  A
S  N  R  T  E  D  O  P  T  R  J  E  T  N
U  O  A  N  L  T  N  D  I  O  H  R  E  C
B  O  K  X  S  V  R  V  H  T  P  O  K  O
T  R  A  J  N  O  F  O  L  O  F  W  A  Q
X  I  G  B  W  X  Y  L  O  M  R  T  R  F
H  Y  I  S  U  B  M  A  R  Ŝ  I  P  O  X
```

| | |
|---|---|
| AVIADILO | MOTORO |
| AMBULANCO | PNEŬOJ |
| AŬTO | RAKETO |
| BUSO | SKOTERO |
| BOATO | SUBMARŜIPO |
| BICIKLO | TAKSIO |
| KAMIONO | PRIMO |
| KARAVANO | TRACTOR |
| HELIKOPTERO | TRAJNO |
| METROO | FLOSO |

# 78 - Natura

```
D E Z E R T O E F F N S T U
R B O G T G H U R O J U L C
I M P L M G A A I O L G Y B
F G Q A O P B M P B Z I R P
U H O C E L E B P T M I O S
Ĝ A N E R E S A R K T O O J
O K N R Q Z T K F I A Q U A
M I H O O W O R A B R A R B
O M O L F V J E Ĝ U G K I E
N A N U B O J Z A D B I V L
T N B B Q R C E V L A P E O
O I Z E H G D I O S D O R J
J D A N C T I Z S S G R O P
R N J N V O U U Y O K T Q F
```

BESTOJ

ABELOJ

ARKTO

BELECO

DEZERTO

DINAMIKA

EROZIO

RIVERO

FOLIOJ

ARBARO

GLACERO

MONTOJ

NEBULO

NUBOJ

RIFUĜO

SOVAĜA

SERENA

TROPIKA

# 79 - Balletto

```
W  G  S  A  U  I  P  R  A  K  T  I  K  O
U  L  A  I  P  I  N  Y  H  A  F  P  X  E
Y  B  U  C  K  L  R  T  U  Q  Z  W  W  S
R  B  S  A  L  X  A  O  E  O  L  R  C  P
R  R  K  R  D  Y  I  Ŭ  M  N  T  A  Z  R
Q  M  I  G  Z  A  K  L  D  M  S  V  M  I
J  O  T  S  I  C  N  A  D  O  F  E  V  M
O  A  T  E  K  N  I  K  O  M  J  S  C  A
L  O  R  T  S  E  K  R  O  T  S  E  G  O
O  L  I  T  S  Z  W  L  W  I  D  C  P  T
K  F  D  T  A  D  D  M  G  R  A  I  N  R
S  W  X  K  O  R  E  G  R  A  F  I  O  E
U  K  O  M  P  O  N  I  S  T  O  B  V  L
M  U  Z  I  K  O  V  O  R  P  Q  K  L  W
```

LERTO
APLAŬDOJ
ARTA
DANCISTOJ
KOMPONISTO
KOREGRAFIO
ESPRIMA
GESTO
GRACIA

INTENSECO
MUSKOLOJ
MUZIKO
ORKESTRO
PRAKTIKO
PROVO
RITMO
STILO
TEKNIKO

# 80 - Paesi #1

```
S Q F F O J H X T B K S L G
H Y O I I Z D L O R A J T E
W O O I N A M U R A M E H R
E L O D A N A K G Z B N K M
M E A U P E L N Z I O N S A
U A P X S Q H A F L J O E N
C R L X I O Y W N O O R N I
T S A I H U B X M D T V E O
W I I J O Y E H L N O E G P
R N B A R A T O C A I G A A
M A R O K O M Z M L B I L N
I R A K O X D H M L I O O A
V E N E Z U E L O O L N M M
H J K E G I P T O P A L H O
```

BRAZILO
KAMBOJO
KANADO
EGIPTO
FINNLANDO
GERMANIO
BARATO
IRAKO
ISRAELO
LIBIO

MALIO
MAROKO
NORVEGIO
PANAMO
POLLANDO
RUMANIO
SENEGALO
HISPANIO
VENEZUELO

# 81 - Geometria

```
N  H  C  H  L  N  K  U  R  B  O  P  R  K
U  Z  K  A  L  K  U  L  O  K  I  G  O  L
M  A  N  G  U  L  O  R  A  T  J  G  T  E
E  M  O  E  Y  X  E  X  L  I  L  I  N  K
R  H  G  L  A  H  M  L  A  Y  R  A  E  V
O  P  W  Q  K  W  N  U  T  M  M  I  M  A
S  I  M  E  T  R  I  O  N  E  W  F  G  C
D  I  M  E  N  S  I  O  O  D  O  X  E  I
S  U  R  F  A  C  O  C  Z  S  L  R  S  O
Y  T  I  R  F  O  N  A  I  D  E  M  I  L
P  A  R  A  L  E  L  O  R  C  Y  R  Q  O
D  I  A  M  E  T  R  O  O  Y  X  V  C  A
E  S  S  Q  M  X  J  F  H  D  K  B  M  B
O  O  Z  T  R  I  A  N  G  U  L  O  O  I
```

| | |
|---|---|
| ALTO | MEDIANO |
| ANGULO | NUMERO |
| KALKULO | HORIZONTALA |
| CIRKLO | PARALELO |
| KURBO | SEGMENTO |
| DIAMETRO | SIMETRIO |
| DIMENSIO | SURFACO |
| EKVACIO | TEORIO |
| LOGIKO | TRIANGULO |

# 82 - Foresta Pluviale

```
O  N  O  K  I  N  A  T  O  B  S  A  R  M
D  B  K  B  O  T  G  V  N  W  P  M  E  V
A  H  S  E  Ĝ  M  F  V  M  C  E  F  S  W
V  Y  U  W  U  S  U  D  Z  Y  C  I  T  O
R  N  M  D  F  M  U  N  R  Y  I  B  A  I
E  B  I  A  I  E  A  P  U  Z  O  I  R  T
S  F  Q  S  R  Z  F  M  E  M  M  O  O  F
N  A  T  U  R  O  R  X  U  R  O  J  P  C
O  L  A  G  N  A  Ĝ  R  X  L  V  R  A  Q
K  D  I  V  E  R  S  E  C  O  O  I  D  P
I  N  D  I  Ĝ  E  N  A  L  L  B  J  V  M
N  U  B  O  J  O  T  K  E  S  N  I  V  O
M  V  A  L  O  R  A  D  B  I  R  D  O  J
R  E  S  P  E  K  T  O  T  A  M  I  L  K
```

| | |
|---|---|
| AMFIBIOJ | NATURO |
| BOTANIKO | NUBOJ |
| KLIMATO | KONSERVADO |
| KOMUNUMO | VALORA |
| DIVERSECO | RESTARO |
| ĜANGALO | RIFUĜO |
| INDIĜENA | RESPEKTO |
| INSEKTOJ | SUPERVIVO |
| MAMULOJ | SPECIO |
| MUSKO | BIRDOJ |

# 83 - Edifici

```
G  O  B  D  V  G  K  J  H  T  P  R  H  O
A  A  O  R  A  Z  A  B  R  E  P  U  S  B
S  G  D  T  K  C  B  K  P  Z  N  X  O  J
T  R  A  E  A  H  A  H  V  E  T  U  R  O
E  E  S  N  S  O  N  V  O  M  X  C  B  I
J  N  A  D  T  S  O  C  R  T  M  T  P  R
O  E  B  O  E  P  J  O  T  S  E  Y  R  O
E  J  M  C  L  I  E  J  A  R  K  L  T  T
Z  O  A  Y  O  T  N  E  E  L  M  C  O  A
U  H  K  R  U  A  R  B  T  O  C  T  U  R
M  Z  B  I  P  L  E  S  T  A  D  I  O  O
I  A  I  E  N  O  L  G  F  D  D  A  B  B
S  B  K  N  N  O  F  D  O  X  H  V  P  A
W  O  I  R  O  T  A  V  R  E  S  B  O  L
```

AMBASADO
KABANO
KASTELO
KINO
UZINO
GRENEJO
HOTELO
LABORATORIO
MUZEO

HOSPITALO
OBSERVATORIO
GASTEJO
LERNEJO
STADIO
SUPERBAZARO
TEATRO
TENDO
TURO

# 84 - Paesi #2

```
E  M  W  X  F  V  I  R  L  A  N  D  O  C
X  A  J  A  P  A  N  I  O  Q  N  G  S  H
P  A  K  I  S  T  A  N  O  L  A  P  E  N
A  Q  U  Y  A  F  N  S  I  R  I  O  I  S
V  T  G  P  I  N  D  O  N  E  Z  I  O  U
O  A  A  U  O  H  M  G  G  O  G  R  K  D
T  I  N  K  Q  N  W  U  O  S  R  E  I  A
R  E  D  O  H  A  I  T  I  O  E  B  S  N
K  U  O  O  I  N  A  B  L  A  K  I  K  O
D  Y  S  U  B  P  K  E  V  L  I  L  E  T
O  Z  F  I  H  X  O  K  N  N  O  F  M  F
Z  W  A  F  O  I  N  I  A  R  K  U  O  L
F  D  A  N  I  O  F  B  T  K  G  W  L  O
J  A  M  A  J  K  O  I  R  E  G  I  N  T
```

ALBANIO
DANIO
ETIOPIO
JAMAJKO
JAPANIO
GREKIO
HAITIO
INDONEZIO
IRLANDO
LAOSO

LIBERIO
MEKSIKO
NEPALO
NIGERIO
PAKISTANO
RUSIO
SIRIO
SUDANO
UKRAINIO
UGANDO

# 85 - Tipi di Capelli

```
V U J U L K H M Q Y B J N Q
K J J B J O M E O B R U N A
A P O N K I N W G L L Y I H
L Z Ĵ G B K E G M O A P S U
V F A N S A N A A I L K U M
A E T V M E C R S Y K J I I
S E K A A K N A L B U S M D
L B E D L I C B Y R B Y A A
E C L N L A R Ĝ E N T O L Q
R T P O O F E N I G R A D I
H K G L N K O L O R A J I C
E L G B G S R G L A T A K U
G G T X A B U K L O J V A L
B R A I D E D G R I Z A N F
```

ARĜENTO
SEKA
BLANKA
BLONDA
MALLONGA
KALVA
KOLORAJ
GRIZA
BRAIDED
GLATA

LONGA
BRUNA
MOLA
NIGRA
BUKLA
BUKLOJ
SANA
MALDIKA
DIKA
PLEKTAĴOJ

# 86 - Vestiti

```
H  O  K  A  J  U  Q  Y  R  I  V  S  Ŝ  X
C  S  K  Z  N  S  K  U  L  O  E  E  T  L
X  S  D  J  O  T  N  A  G  F  S  Z  R  K
Ŝ  T  E  Y  O  M  A  Ĵ  I  P  T  W  U  T
B  U  B  S  M  L  U  Ŭ  T  K  O  Q  M  R
W  M  O  L  E  P  A  Ĉ  T  Q  Z  I  P  M
P  A  N  T  A  L  O  N  O  U  Y  N  E  C
M  X  J  T  V  C  A  X  K  S  K  K  T  U
P  A  O  R  E  I  L  O  K  J  A  O  O  H
B  U  N  B  R  A  C  E  L  E  T  O  J  A
M  P  O  T  Ĉ  E  M  I  Z  O  N  Z  Q  S
C  V  Z  R  E  T  E  V  E  S  Y  U  O  D
O  P  U  J  O  L  A  D  N  A  S  L  Z  L
L  V  X  L  K  F  O  D  O  M  L  B  P  R
```

| | |
|---|---|
| VESTO | JUPO |
| BRACELETO | ANTAŬTUKO |
| ŜTRUMPETOJ | GANTOJ |
| BLUZO | SEVETER |
| ĈEMIZO | MODO |
| ĈAPELO | PANTALONO |
| MANTELO | PIĴAMO |
| ZONO | SANDALOJ |
| KOLIERO | ŜUO |
| JAKO | SKULO |

# 87 - Arte

```
F S P S H P E N T R A Ĵ O J
E I E U H O D A N O P M O K
Y M R B U I N D R S C U M X
A P S J M Z P E L M O O I P
F L O E O E W O S O B S R O
C A N K R O T K R T I C P Ĵ
B E A T O P O A Q T O G S A
P P R O T T G E L N R J E T
T A L A N I G I R O Z E T P
W D M Z M T D C P N O C T L
U I I A T I R I P S N I J U
V V R K O S K E L P M O K K
S I M B O L O O L P V G O S
S U P E R R E A L I S M O S
```

CERAMIKO
KOMPLEKSO
KOMPONADO
PENTRAĴOJ
ESPRIMO
INSPIRITA
HONESTO
ORIGINALA
PERSONA

POEZIO
PORTRETU
SKULPTAĴO
SIMPLA
SIMBOLO
SUBJEKTO
SUPERREALISMO
HUMORO
VIDA

# 88 - Meteo

```
P Q Q T F K I U Y Ĉ I E L O
N O O R E F S O M T A W L N
E T L J X M L Z P Y W R H Y
B I O U L Q P T R O P I K A
U J B N S X N E R O Z J Z H
L H U R D A T B R G H P O U
O N N W X R H P T A V O D M
Ŝ T O R M O O L G Y T T A I
G L A C I O F U L M O U N D
S E K E C O T A M I L K R A
Ĉ I E L A R K O V T Q F O O
T R A N K V I L E E N Q T A
E H W L E V E N T O V I J S
D J A W S T U R A G A N O D
```

ĈIELARKO          POLUSA
SEKA              SEKECO
ATMOSFERO         TEMPERATURO
TRANKVILE         ŜTORMO
ĈIELO             TORNADO
KLIMATO           TROPIKA
FULMO             TONDRO
GLACIO            HUMIDA
NEBULO            URAGANO
NUBO              VENTO

# 89 - Corpo Umano

```
G E N U O R U R K B U Ŝ O T
S L D F R L C E R B O V C X
C A O W O W O T A H N O N K
K P N P K K M E N T O N O K
K C Y G W U A R L Z E G K A
D K K Z O B P V R A J R A P
L U B K R U E I P V M D M O
T S E E G T Y Z K O L O O Ŝ
M S H U N O Z A N D W U T U
V L Y Z I W P Ĝ J E E V S L
N X B X F U G O N A M H J T
O R E L O X O K U L O G B R
F W B F A B W N C D C J I O
N A R W I L T W V W D D M K
```

BUŜO
MALEOLO
CERBO
KOLO
KORO
FINGRO
VIZAĜO
KRURO
GENUO
KUBUTO

MANO
MENTONO
NAZO
OKULO
ORELO
SANGO
ŜULTRO
STOMAKO
KAPO

# 90 - Mammiferi

```
U  Ĝ  I  R  A  F  O  U  M  O  K  Ĉ  K  D
B  R  W  L  O  L  I  R  O  G  H  E  A  E
K  R  J  Z  P  K  M  S  N  F  F  V  N  L
K  J  G  N  L  X  I  O  K  N  W  A  G  F
U  A  R  W  U  V  S  V  U  A  I  L  U  E
N  M  G  H  V  G  U  R  D  C  T  O  R  N
I  K  J  L  M  E  Z  E  F  W  C  O  U  O
K  D  U  C  U  N  I  C  H  D  G  F  O  F
L  B  T  R  C  P  E  L  E  F  A  N  T  O
O  N  O  E  L  P  O  N  E  L  A  B  H  T
N  J  R  Ŝ  D  V  I  R  B  O  V  O  U  O
G  H  U  G  A  K  J  A  T  M  F  N  U  J
H  U  N  D  O  F  G  G  K  S  X  C  N  O
K  Q  O  T  G  O  O  R  B  E  Z  B  Z  K
```

| | |
|---|---|
| BALENO | ĜIRAFO |
| HUNDO | GORILO |
| KANGURUO | LEONO |
| ĈEVALO | LUPO |
| CERVO | URSO |
| KUNIKLO | ŜAFO |
| KOJOTO | SIMIO |
| DELFENO | VIRBOVO |
| ELEFANTO | VULPO |
| KATO | ZEBRO |

# 91 - Animali Domestici

```
H  F  A  K  V  O  L  V  V  C  X  V  Y  P
T  A  W  E  L  G  F  E  O  D  N  U  H  I
X  B  M  R  F  W  H  T  S  D  N  X  A  E
F  F  H  S  V  Q  V  E  T  D  I  E  O  D
M  U  S  O  T  C  R  R  O  D  I  T  G  O
M  P  K  T  A  R  U  I  N  C  M  V  A  J
A  B  G  R  R  I  O  N  I  V  O  B  P  K
N  F  P  E  K  N  B  A  C  A  V  Q  A  E
Ĝ  I  U  C  N  O  T  R  K  A  T  O  P  I
O  Ŝ  A  A  T  K  L  O  L  K  I  N  U  K
M  O  G  L  E  A  S  U  B  S  W  V  K  R
H  D  V  O  R  P  L  P  M  V  F  U  W  J
U  S  V  E  C  R  K  K  O  O  W  Y  D  C
H  Z  Q  A  W  O  D  U  T  S  E  T  B  E
```

| | |
|---|---|
| AKVO | KATO |
| HUNDO | LACERTO |
| KAPRO | BOVINO |
| MANĜO | PAPAGO |
| VOSTO | FIŜO |
| KOLUMO | TESTUDO |
| KUNIKLO | MUSO |
| HAMSTRO | VETERINARO |
| IDO | PIEDOJ |
| KATIDO | |

# 92 - Cucina

```
Ĉ  E  R  P  I  L  O  Ĝ  N  A  M  K  F  K
G  B  X  Q  N  C  J  O  R  E  L  U  K  R
Z  A  A  I  Q  E  U  L  G  Z  M  M  K  U
S  P  O  N  G  O  D  V  W  P  Y  V  W  Ĉ
C  F  V  L  H  H  I  O  N  R  O  F  I  O
Z  H  R  S  I  R  B  K  D  V  E  A  E
R  F  O  O  Y  R  F  I  C  C  O  O  R  A
E  O  T  P  S  S  G  B  U  Ŝ  T  U  K  O
C  R  A  V  S  T  K  A  L  D  R  O  N  O
E  K  S  A  Z  T  U  S  X  S  C  S  L  M
P  O  O  Z  V  V  I  J  O  C  E  P  S  U
T  J  J  O  B  F  A  C  O  V  V  M  K  S
O  Q  B  H  Q  G  F  F  K  O  H  G  O  P
A  N  T  A  Ŭ  T  U  K  O  S  G  Y  M  K
```

CHOPSTICKS            ANTAŬTUKO
KALDRONO              GRILO
KRUĈO                 ĈERPILO
MANĜO                 RECEPTO
BOVLO                 SPECOJ
FROSTUJO              SPONGO
KULEROJ               TASOJ
FORKOJ                BUŜTUKO
FORNO                 VAZO
FRIDUJO

# 93 - Giardinaggio

```
S  R  H  G  A  G  G  U  O  S  E  E  W  Q
P  H  H  L  V  R  E  T  J  Z  E  W  C  F
E  Z  O  V  J  O  I  L  O  F  J  M  T  I
C  Z  T  M  B  P  Ĵ  M  C  G  W  Y  O  B
I  P  O  R  O  L  F  A  N  O  Z  E  S  J
O  U  J  O  U  F  L  O  R  A  C  X  G  O
A  K  V  O  R  L  F  S  A  U  E  C  V  T
E  C  B  S  K  R  O  O  L  F  P  P  O  S
T  A  C  D  J  Y  V  H  B  O  K  L  T  O
M  T  J  C  C  B  U  K  E  D  O  D  A  P
B  Ô  T  A  N  I  K  O  Ĝ  I  I  U  M  M
R  Z  F  N  D  W  J  K  N  M  L  F  I  O
K  K  C  K  Y  N  Y  Y  A  U  O  A  L  K
B  E  S  T  Y  L  F  S  M  H  F  J  K  E
```

AKVO
BOTANIKO
KLIMATO
MANĜEBLA
KOMPOSTO
UJO
EKZOTA
FLORO
FLORA
FOLIO

FOLIOJ
BUKEDO
SEMOJ
SPECIO
MALPURAĴO
SEZONA
TRULO
HOSO
HUMIDO

# 94 - Universo

```
D K A S T R O N O M I O G J
Z D Q E H D Z O D I A K O C
A L E I Ĉ O D I O R E T S A
H S O A O L Z S D K G A A O
E K T P T E X B U O O K B R
M N N R F I C L T N W S R O
I O O B O Ĉ S U I U A Q M T
S I Z T T N J N T J L B Z A
F S I W I S O O A G R B F V
E K R P B K T M L V H V Y K
R A O O R E F S O M T A K E
O L H Z O T E L E S K O P O
M A L L U M O V I D E B L E
L G S O L S T I C O Z P Z R
```

ASTEROIDO
ASTRONOMIO
ASTRONOMO
ATMOSFERO
MALLUMO
ĈIELA
ĈIELO
KOSMA
HEMISFERO
EKVATORO

GALAKSIO
LATITUDO
LUNO
ORBITO
HORIZONTO
SUNA
SOLSTICO
TELESKOPO
VIDEBLE
ZODIAKO

# 95 - Jazz

```
I  M  P  R  O  V  I  Z  O  F  Y  U  M  A
M  U  Z  I  K  O  M  A  L  N  O  V  A  P
C  A  L  B  U  M  O  T  S  I  T  R  A  L
M  C  E  T  T  V  F  Z  O  N  O  V  A  A
K  T  O  J  Y  A  R  T  D  U  F  Q  F  Ŭ
Ŝ  O  L  I  T  S  F  W  A  M  A  F  Y  D
A  K  N  K  O  M  P  O  N  I  S  T  O  O
T  I  V  C  M  V  S  G  O  S  P  W  O  J
A  N  V  A  E  G  J  Z  P  R  I  T  M  O
T  K  H  O  R  R  J  B  M  K  A  N  T  O
O  E  W  F  T  O  T  Q  O  Z  A  F  M  E
J  T  K  S  J  R  U  O  K  O  G  N  Q  Y
X  T  A  L  E  N  T  O  X  O  F  H  A  U
O  R  K  E  S  T  R  O  U  M  Q  X  Z  I
```

| | |
|---|---|
| ALBUMO | IMPROVIZO |
| APLAŬDOJ | MUZIKO |
| ARTISTO | NOVA |
| KANTO | ORKESTRO |
| KOMPONISTO | ŜATATOJ |
| KOMPONADO | RITMO |
| KONCERTO | STILO |
| EMFAZO | TALENTO |
| FAMA | TEKNIKO |
| VARO | MALNOVA |

# 96 - Vacanze #2

```
L  P  T  T  F  T  F  H  U  R  N  Y  H  P
I  L  A  R  L  Z  U  I  O  D  N  E  T  A
B  A  K  A  U  O  Z  C  S  T  B  Y  Q  S
E  Ĝ  S  N  G  I  N  P  T  O  E  I  F  P
R  O  I  S  H  C  N  S  Y  R  K  L  K  O
T  D  O  P  A  A  G  S  V  A  A  I  O  R
E  A  L  O  V  R  S  G  U  M  P  J  O  T
M  M  U  R  E  O  S  Z  V  L  N  K  N  O
P  U  D  T  N  T  L  N  O  H  O  D  I  O
O  D  M  A  O  S  P  I  J  O  I  N  T  P
E  N  E  D  C  E  K  V  A  R  R  J  S  A
T  E  R  O  Q  R  R  U  Ĝ  W  E  E  E  M
G  T  F  F  O  T  O  J  O  V  F  R  D  D
V  I  Z  A  Z  V  B  T  T  Z  U  A  Y  L
```

FLUGHAVENO
TENDUMADO
DESTINO
FOTOJ
HOTELO
INSULO
MAPO
MARO
PASPORTO
RESTORACIO

PLAĜO
FREMDULO
TAKSIO
LIBERTEMPO
TENDO
TRANSPORTADO
TRAJNO
FERIO
VOJAĜO
VIZA

# 97 - Attività

```
L I B E R T E M P O J B T D
M A L S T R E Ĉ I Ĝ O T R A
A K T I V E C O W W M T A N
L U D O J O I T E M G E L C
V U M M Ĝ G U E S U I N T O
O D A T P A K Ŝ I F N D I K
Y S K K Y Y R B R T E U G I
L F L X U E W D H I D M A M
M E J X K D O B E G H A N A
A H R H R K R J Z N N D T R
G Q O T D S M I C G A O A E
I C R I O L E G A D O D A C
O K F O T O D A S A Ĉ E O R
T P L E Z U R O S E F O T I
```

LERTO
ARTO
METIOJ
AKTIVECO
ĈASADO
TENDUMADO
CERAMIKO
KUDRI
DANCO
ALTIGANTA

FOTO
ĜARDENADO
LUDOJ
LEGADO
MAGIO
FIŜKAPTADO
PLEZURO
ENIGMOJ
MALSTREĈIĜO
LIBERTEMPO

# 98 - Diplomazia

```
D X N R E G I S T A R O O K
D I A M B A S A D O R O W U
I L P T R A K T A T O X R N
S E O L F W Y E J A K O E L
K N D J O N A T I V I C Z A
U O S P C M R F K Y T E O B
T I O X E E A E P U E R L O
O G L B T M U T Q Z T G U R
C E V Q S P W L I L V E C O
N I O Y U B Z Z D A O T I W
B E V Z J O T K I L F N O K
I O K I T I L O P F W I V M
B M C H T K O M U N U M O L
H R R O D A S A B M A C S Y
```

AMBASADO
AMBASADORO
CIVITANOJ
CIVITA
KOMUNUMO
KONFLIKTO
KUNLABORO
DIPLOMATIA
DISKUTO

ETIKO
JUSTECO
REGISTARO
INTEGRECO
POLITIKO
REZOLUCIO
SOLVO
TRAKTATO

# 99 - Forniture Artistiche

```
I  I  P  P  K  R  E  A  V  O  F  B  K  P
N  N  K  A  M  E  V  Z  N  G  O  R  O  E
X  K  X  S  A  W  I  Y  K  D  T  O  L  Q
T  O  X  T  L  W  Q  E  J  E  I  S  O  M
I  L  U  E  T  A  B  L  O  V  L  O  R  N
W  B  R  L  S  R  F  W  P  O  O  J  O  E
N  A  A  O  L  I  G  R  A  N  D  B  J  A
I  T  K  J  P  J  O  N  O  J  A  R  K  K
F  S  R  K  A  M  E  E  R  A  S  E  R  V
I  E  I  C  O  U  L  G  E  K  S  O  K  O
D  S  L  W  D  K  O  C  P  S  A  E  W  D
E  V  I  O  K  J  Y  J  A  E  G  R  Ĝ  D
O  T  K  B  G  X  J  N  P  P  E  K  B  O
J  J  O  L  E  R  A  V  K  A  W  G  U  O
```

| | |
|---|---|
| AKVO | ERASER |
| AKVARELOJ | IDEOJ |
| AKRILIKO | INKO |
| ARGILO | KRAJONOJ |
| KARBO | OLEO |
| PAPERO | PASTELOJ |
| ESTABLO | SEĜO |
| GLUO | BROSOJ |
| KOLOROJ | TABLO |
| KREAVO | FOTILO |

# 100 - Misurazioni

```
O C N U L A M C I U K L S N
R Z O X K A B O O Z I H S L
T U N O C E T L L C L T Q Z
E M E T R O N O B G O X N W
M Q U K U A C R T P G A R U
O M U L O V R V L J R J C P
L D A L A M I C E D A D P W
I B M L P F J U V K M B R M
K X A G T E D P T M O G O L
J T S R A O Z N C U R R F O
H M O A I L V O L C T A U N
Z W D M M I N U T O I D N G
C T I O N L A R Ĝ O L O D O
C E N T I M E T R O J U O E
```

ALTO
BAJTO
CENTIMETRO
KILOGRAMO
KILOMETRO
DECIMALA
GRADO
GRAMO
LARĜO
LITRO

LONGO
MASO
METRO
MINUTO
UNCO
PEZO
COLO
PROFUNDO
TUNO
VOLUMO

## 1 - Salute e Benessere #2

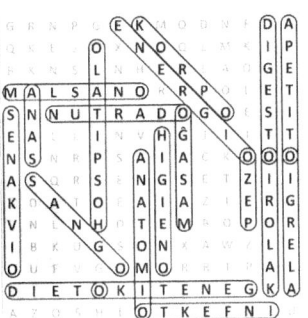

## 2 - Aggettivi #2

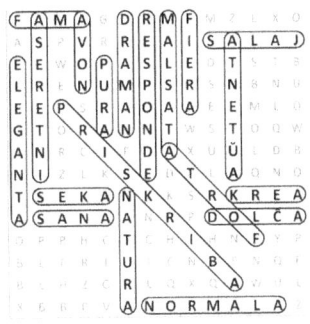

## 3 - Pesca

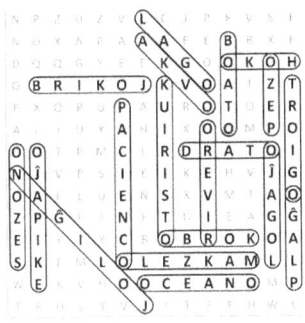

## 4 - Ingegneria

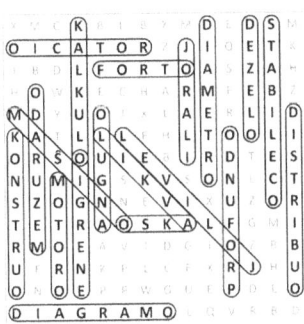

## 5 - Archeologia

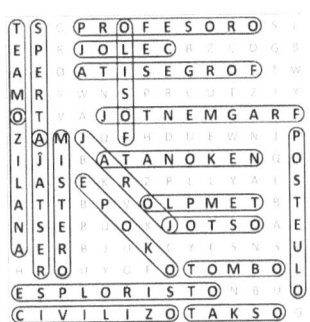

## 6 - Salute e Benessere #1

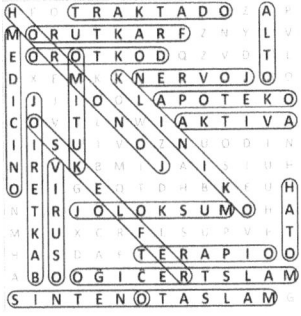

## 7 - Aggettivi #1

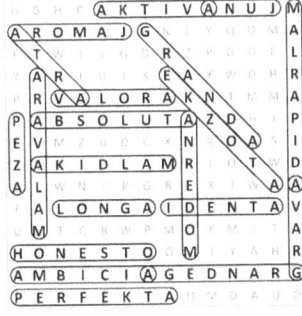

## 8 - Geologia

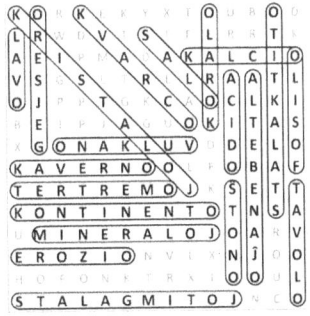

## 9 - Campeggio

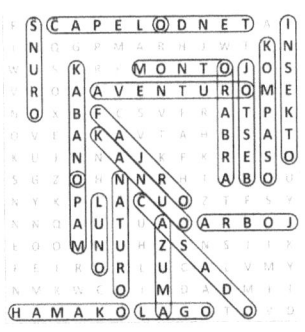

## 10 - Arti Visive

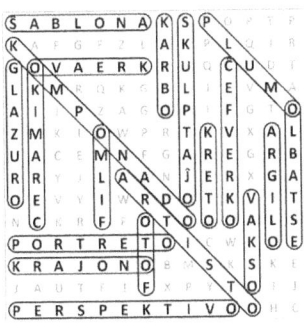

## 11 - Tempo

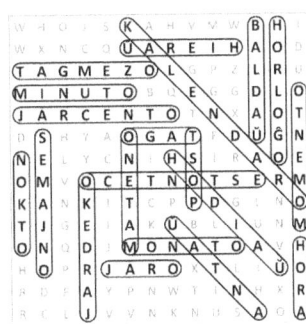

## 12 - Astronomia

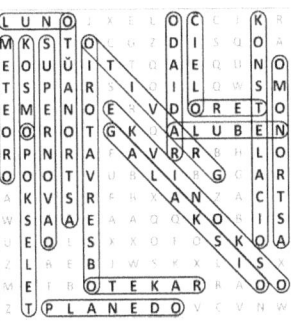

## 13 - Circo

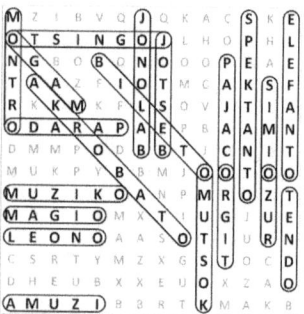

## 14 - Algebra

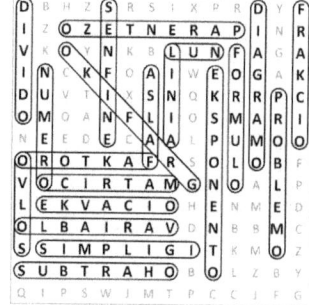

## 15 - Mitologia

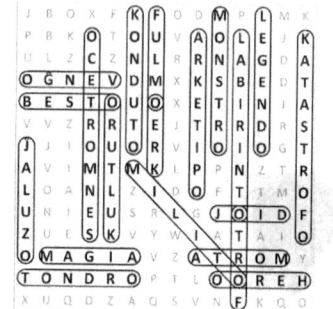

## 16 - Piante

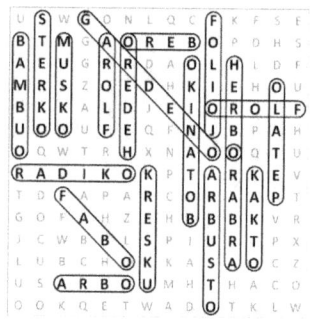

## 17 - Spezie

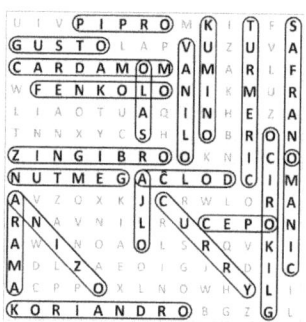

## 18 - Numeri

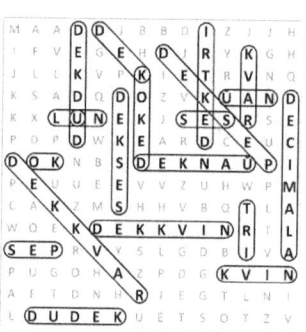

## 19 - Cioccolato

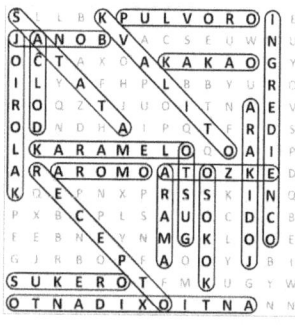

## 20 - Guida

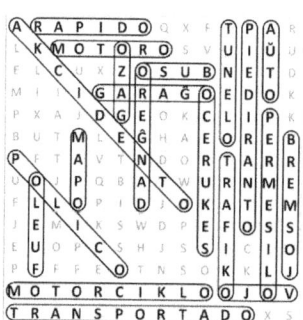

## 21 - I Media

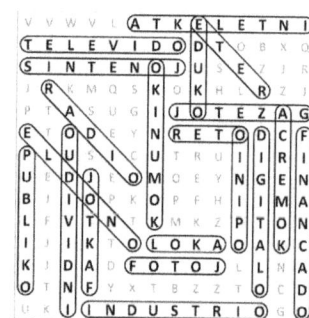

## 22 - Forza e Gravità

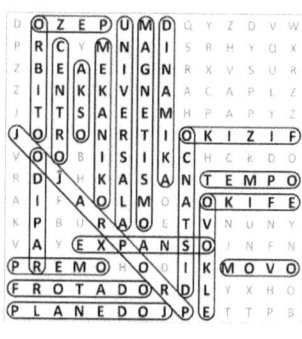

## 23 - Uccelli

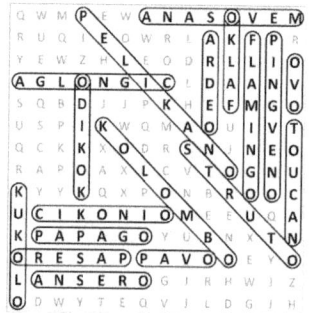

## 24 - Giorni e Mesi

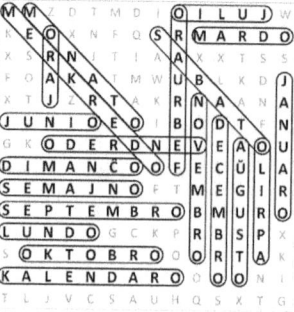

## 25 - Casa

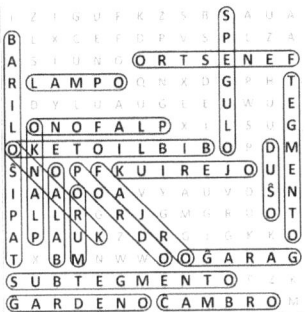

## 26 - Fantascienza

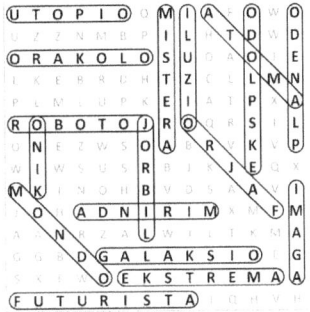

## 27 - Città

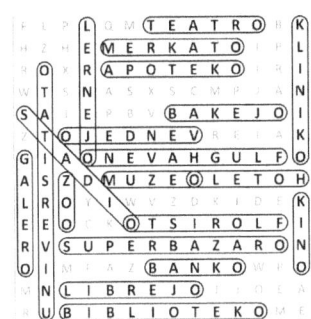

## 28 - Fattoria #1

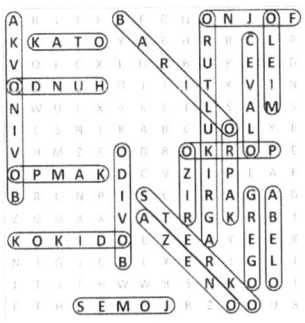

## 29 - Psicologia

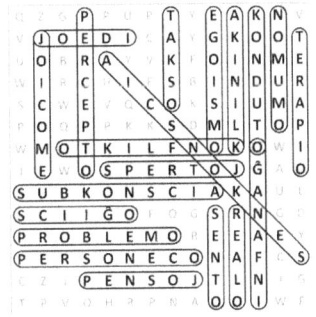

## 30 - Paesaggi

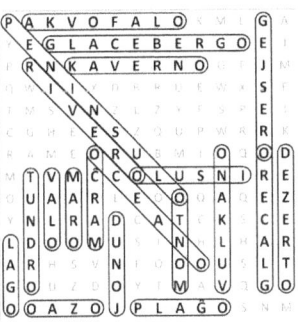

## 31 - Energia

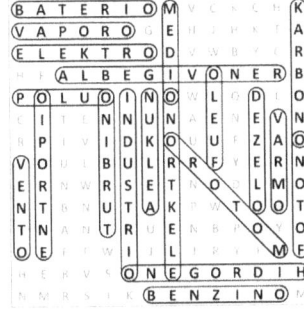

## 32 - Ristorante #2

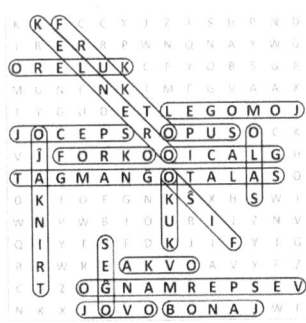

## 33 - Moda

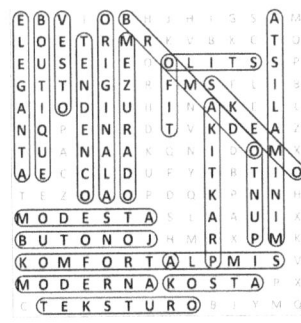

## 34 - L'Azienda

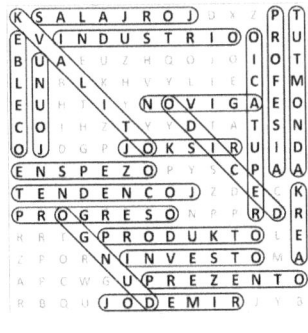

## 35 - Giardino

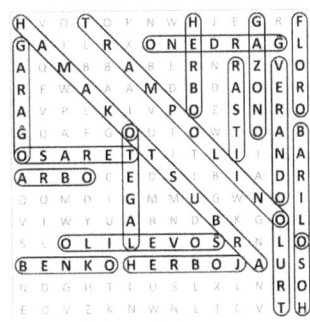

## 36 - Frutta

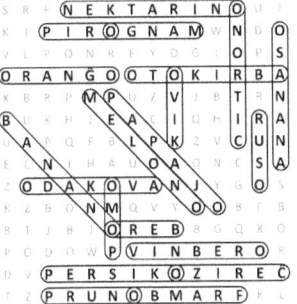

## 37 - Fattoria #2

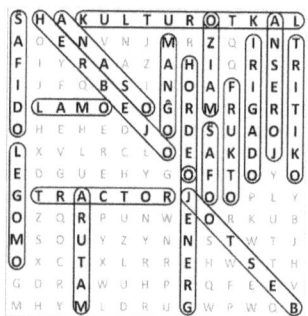

## 38 - Verdure

## 39 - Musica

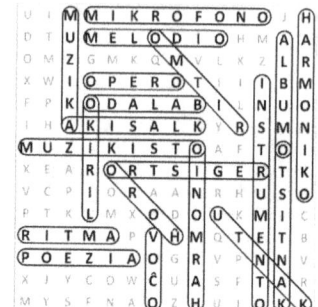

## 40 - Barbecue

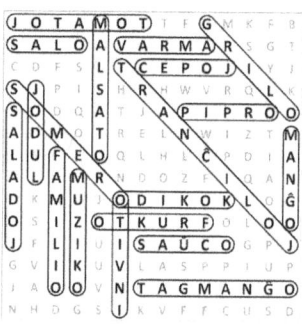

## 41 - Fisica

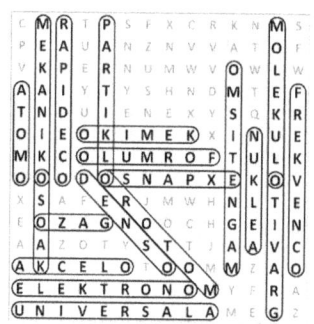

## 42 - Erboristeria

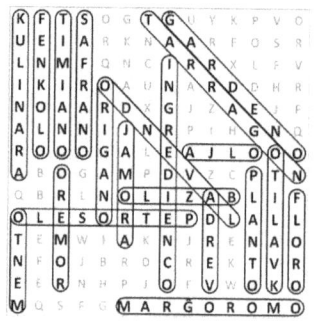

## 43 - Danza

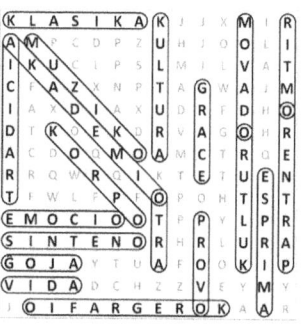

## 44 - Attività Commerciale

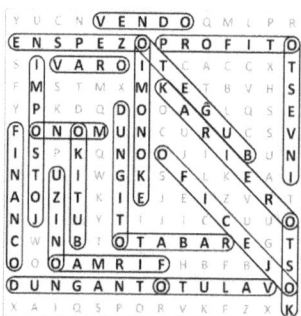

## 45 - Filantropia

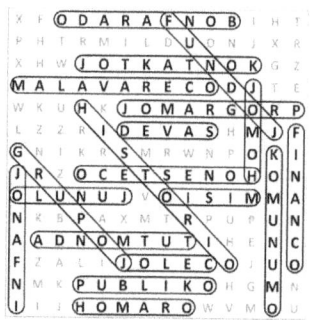

## 46 - Ecologia

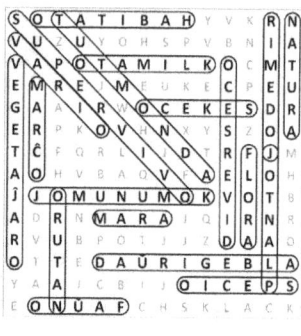

## 47 - Discipline Scientifiche

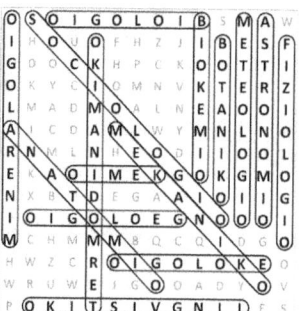

## 48 - Scienza

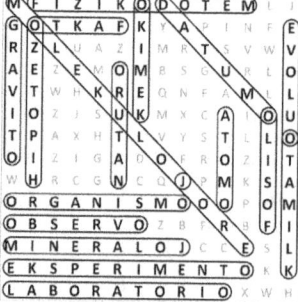

## 49 - Boxe

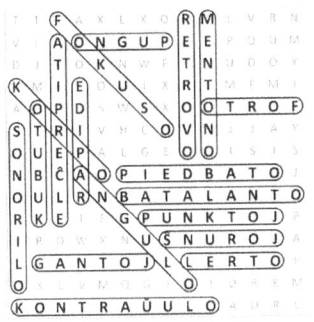

## 50 - Gatti

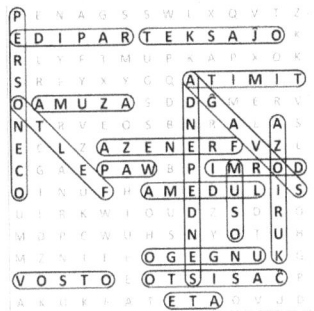

## 51 - Imbarcazioni

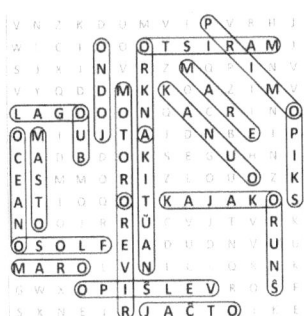

## 52 - Chimica

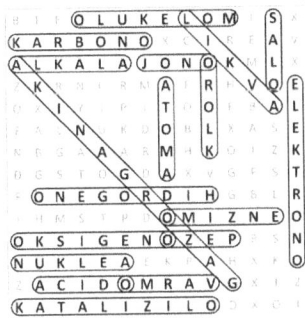

## 53 - Api

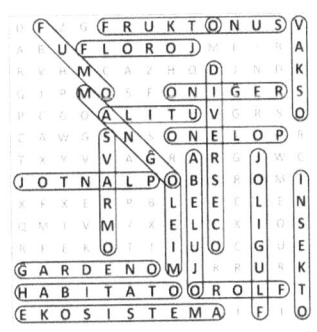

## 54 - Professioni #2

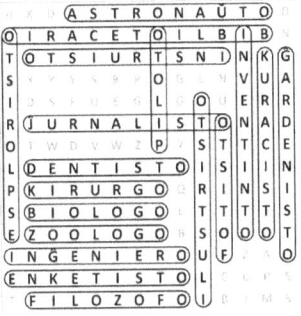

## 55 - Letteratura

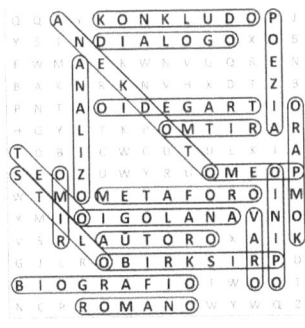

## 56 - Cibo #2

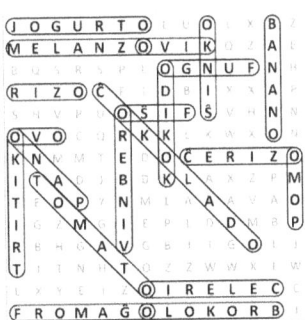

## 57 - Nutrizione

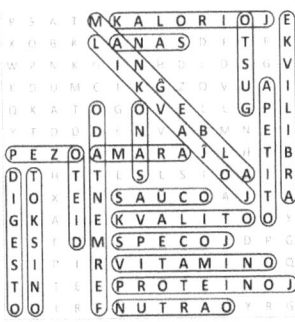

## 58 - Matematica

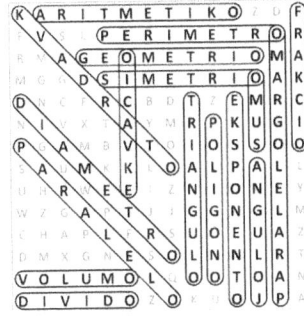

## 59 - Meditazione

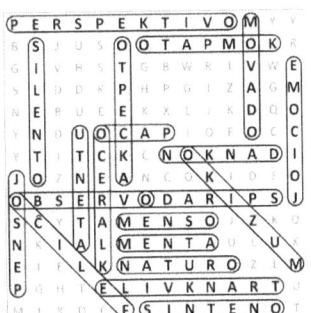

## 60 - Elettricità

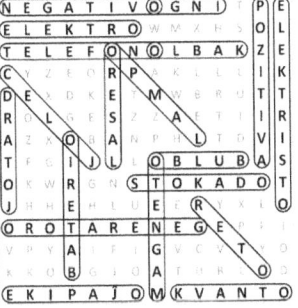

## 61 - Antiquariato

## 62 - Escursionismo

## 63 - Professioni #1

## 64 - Antartide

## 65 - Libri

## 66 - Geografia

## 67 - Cibo #1

## 68 - Etica

## 69 - Aeroplani

## 70 - Governo

## 71 - Bellezza

## 72 - Avventura

## 73 - Forme

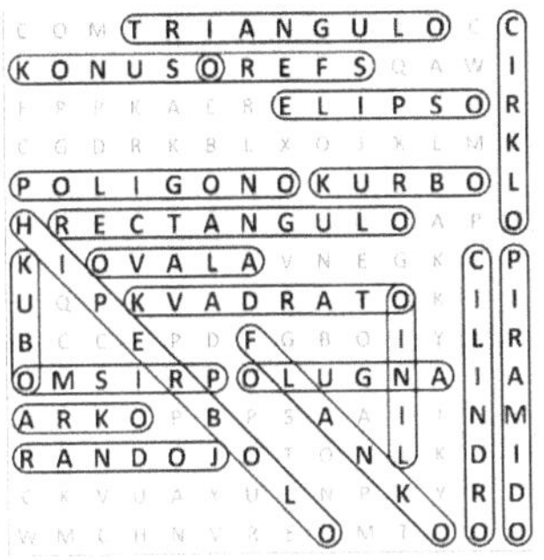

## 74 - Oceano

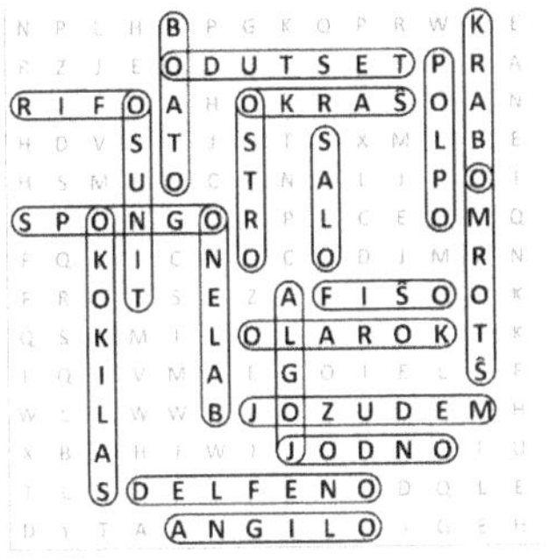

## 75 - Famiglia

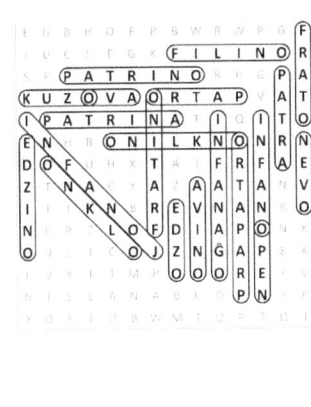

## 76 - Creatività

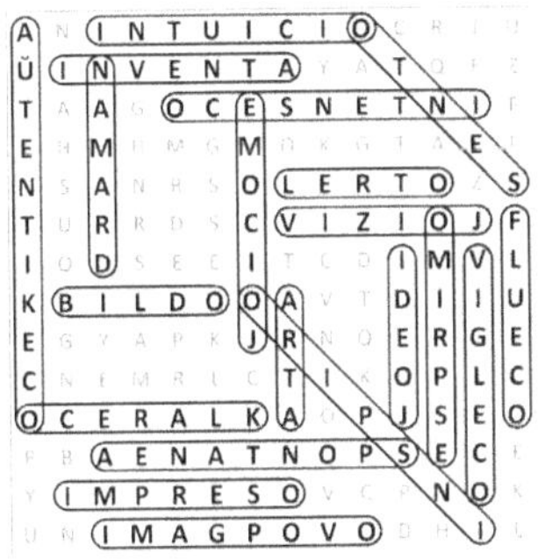

## 77 - Veicoli

## 78 - Natura

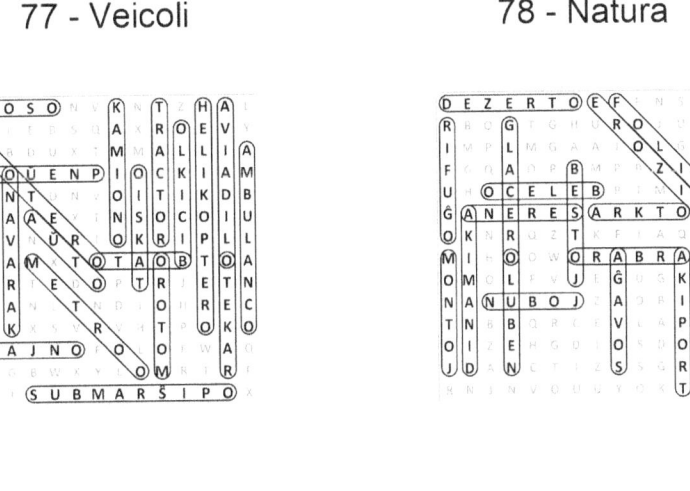

## 79 - Balletto

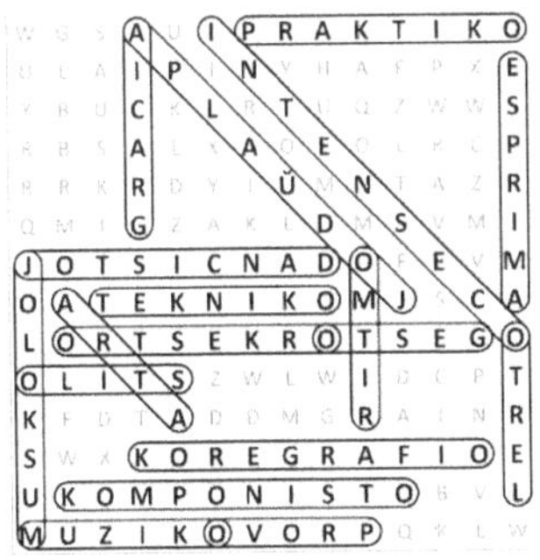

## 80 - Paesi #1

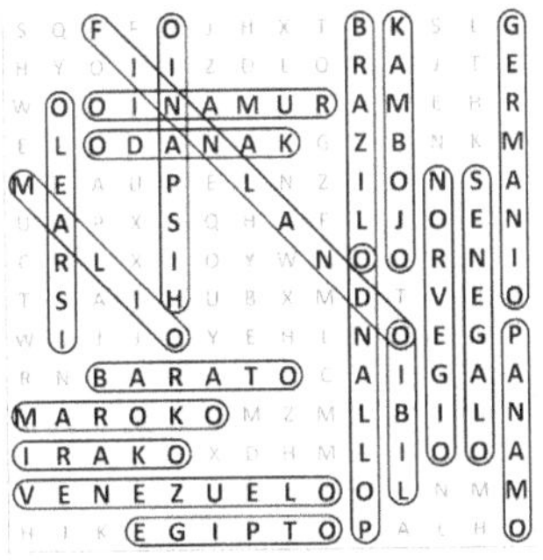

## 81 - Geometria

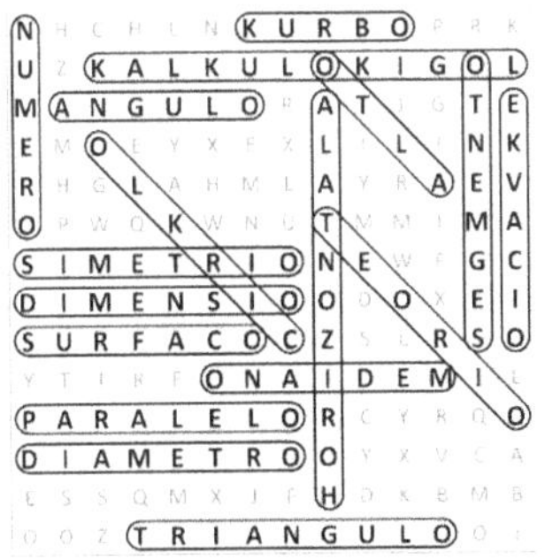

## 82 - Foresta Pluviale

## 83 - Edifici

## 84 - Paesi #2

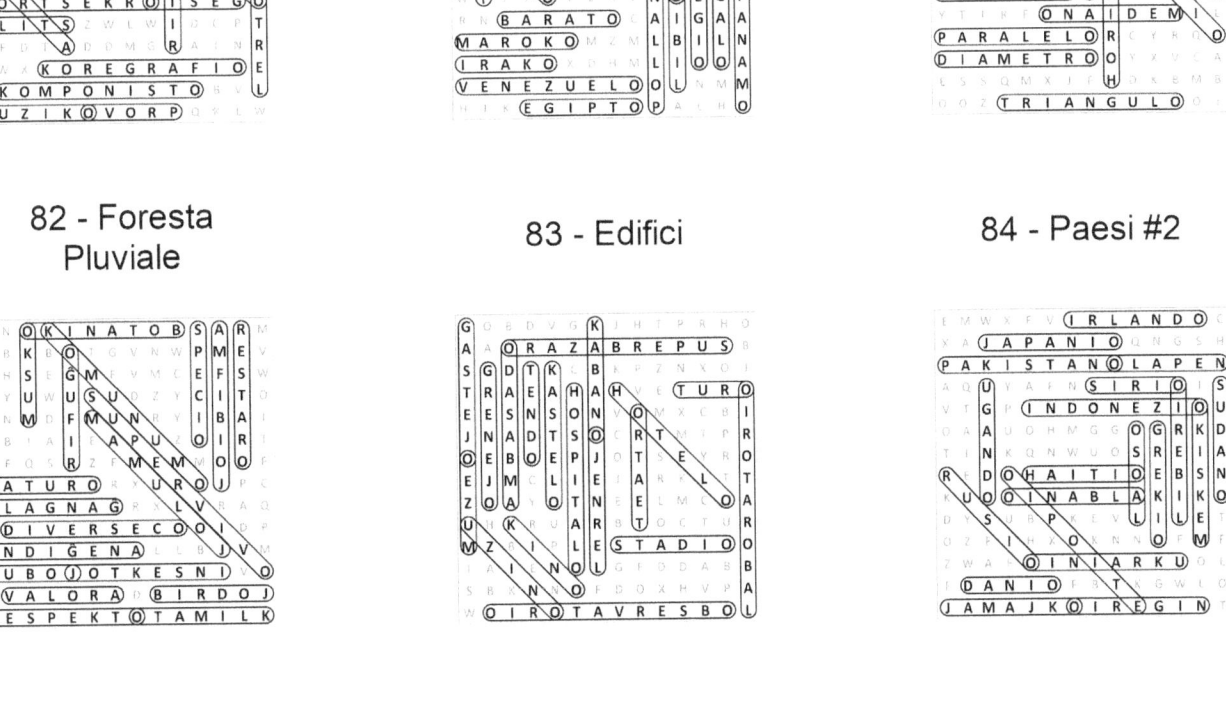

## 85 - Tipi di Capelli

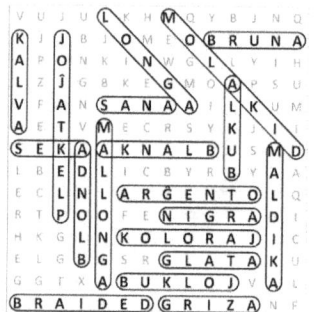

## 86 - Vestiti

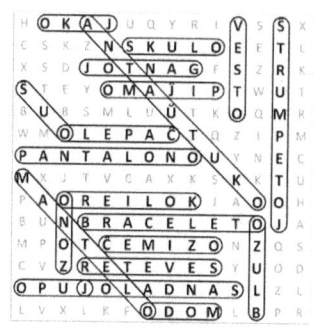

## 87 - Arte

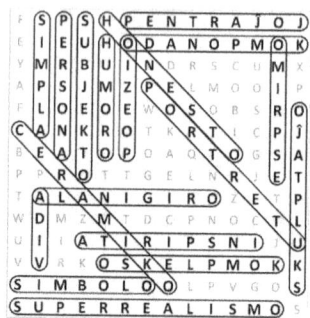

## 88 - Meteo

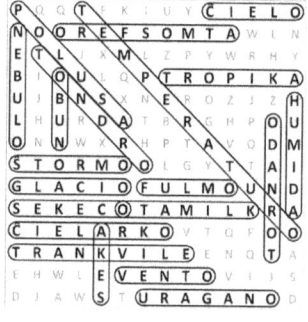

## 89 - Corpo Umano

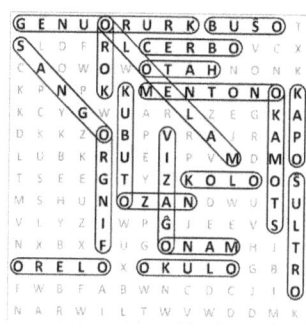

## 90 - Mammiferi

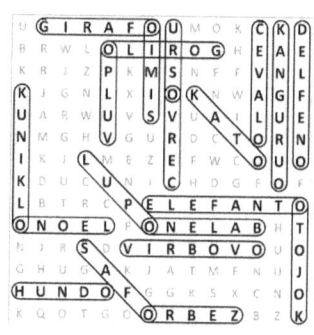

## 91 - Animali Domestici

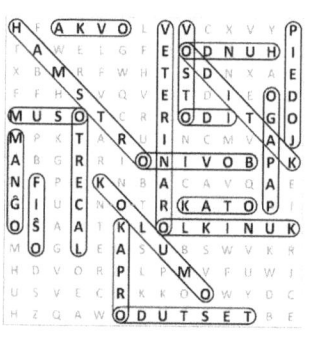

## 92 - Cucina

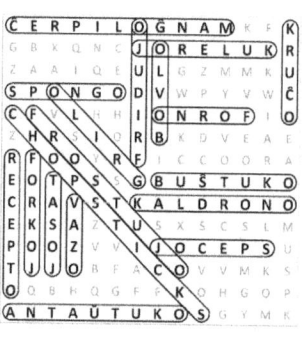

## 93 - Giardinaggio

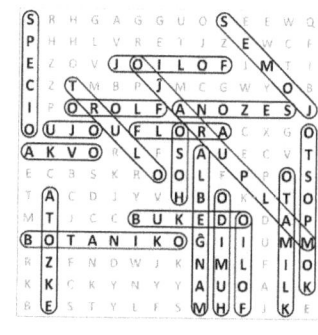

## 94 - Universo

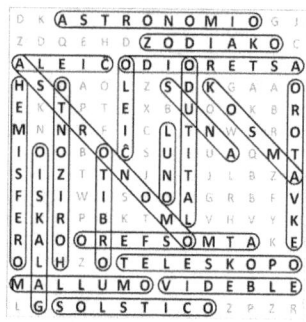

## 95 - Jazz

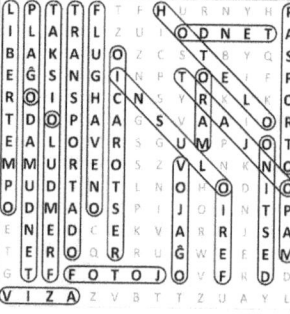

## 96 - Vacanze #2

## 97 - Attività

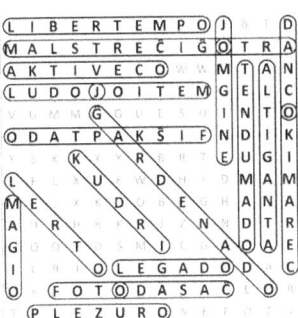

## 98 - Diplomazia

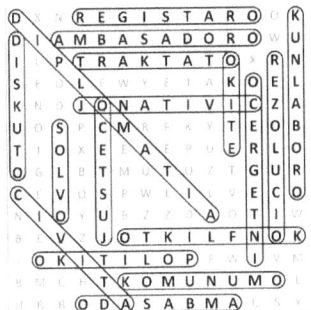

## 99 - Forniture Artistiche

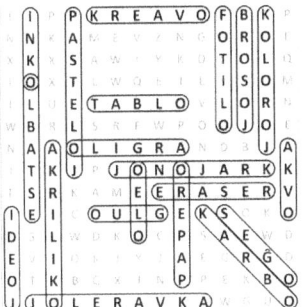

## 100 - Misurazioni

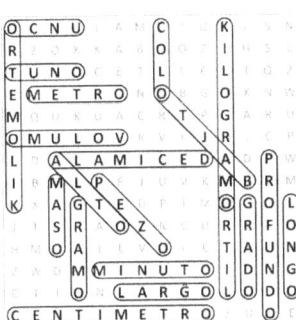

# Dizionario

## Aeroplani
### Aviadiloj

| | |
|---|---|
| **Altezza** | Alto |
| **Altitudine** | Alteco |
| **Aria** | Aero |
| **Atmosfera** | Atmosfero |
| **Atterraggio** | Surteriĝo |
| **Avventura** | Aventuro |
| **Carburante** | Fuelo |
| **Cielo** | Ĉielo |
| **Costruzione** | Konstruo |
| **Direzione** | Direkto |
| **Discesa** | Deveno |
| **Equipaggio** | Skipo |
| **Idrogeno** | Hidrogeno |
| **Motore** | Motoro |
| **Navigare** | Navigi |
| **Palloncino** | Balono |
| **Passeggero** | Pasaĝero |
| **Pilota** | Piloto |
| **Storia** | Historio |
| **Turbolenza** | Turbuleco |

## Aggettivi #1
### Adjektivoj #1

| | |
|---|---|
| **Ambizioso** | Ambicia |
| **Aromatico** | Aromaj |
| **Artistico** | Arta |
| **Assoluto** | Absoluta |
| **Attivo** | Aktiva |
| **Enorme** | Grandega |
| **Esotico** | Ekzota |
| **Generoso** | Malavara |
| **Giovane** | Juna |
| **Grande** | Granda |
| **Identico** | Identa |
| **Importante** | Grava |
| **Lento** | Malrapida |
| **Lungo** | Longa |
| **Moderno** | Moderna |
| **Onesto** | Honesto |
| **Perfetto** | Perfekta |
| **Pesante** | Peza |
| **Prezioso** | Valora |
| **Sottile** | Maldika |

## Aggettivi #2
### Adjektivoj #2

| | |
|---|---|
| **Affamato** | Malsata |
| **Asciutto** | Seka |
| **Autentico** | Aŭtenta |
| **Creativo** | Krea |
| **Descrittivo** | Priskriba |
| **Dolce** | Dolĉa |
| **Drammatico** | Draman |
| **Elegante** | Eleganta |
| **Famoso** | Fama |
| **Forte** | Forta |
| **Interessante** | Interesa |
| **Naturale** | Natura |
| **Normale** | Normala |
| **Nuovo** | Nova |
| **Orgoglioso** | Fiera |
| **Produttivo** | Produktiva |
| **Puro** | Pura |
| **Responsabile** | Responde |
| **Salato** | Salaj |
| **Sano** | Sana |

## Algebra
### Algebro

| | |
|---|---|
| **Diagramma** | Diagramo |
| **Divisione** | Divido |
| **Equazione** | Ekvacio |
| **Esponente** | Eksponento |
| **Falso** | Falsa |
| **Fattore** | Faktoro |
| **Formula** | Formulo |
| **Frazione** | Frakcio |
| **Grafico** | Grafiko |
| **Infinito** | Senfine |
| **Lineare** | Linia |
| **Matrice** | Matrico |
| **Numero** | Numero |
| **Parentesi** | Parentezo |
| **Problema** | Problemo |
| **Semplificare** | Simpligi |
| **Soluzione** | Solvo |
| **Sottrazione** | Subtraho |
| **Variabile** | Variablo |
| **Zero** | Nul |

## Animali Domestici
### Dorlotbestoj

| | |
|---|---|
| **Acqua** | Akvo |
| **Cane** | Hundo |
| **Capra** | Kapro |
| **Cibo** | Manĝo |
| **Coda** | Vosto |
| **Collare** | Kolumo |
| **Coniglio** | Kuniklo |
| **Criceto** | Hamstro |
| **Cucciolo** | Ido |
| **Gattino** | Katido |
| **Gatto** | Kato |
| **Lucertola** | Lacerto |
| **Mucca** | Bovino |
| **Pappagallo** | Papago |
| **Pesce** | Fiŝo |
| **Tartaruga** | Testudo |
| **Topo** | Muso |
| **Veterinario** | Veterinaro |
| **Zampe** | Piedoj |

## Antartide
### Antarkto

| | |
|---|---|
| **Acqua** | Akvo |
| **Ambiente** | Medio |
| **Baia** | Bajo |
| **Balene** | Balenoj |
| **Conservazione** | Konservado |
| **Continente** | Kontinento |
| **Geografia** | Geografio |
| **Ghiacciai** | Glaĉeroj |
| **Ghiaccio** | Glacio |
| **Isole** | Insuloj |
| **Migrazione** | Migrado |
| **Minerali** | Mineraloj |
| **Nuvole** | Nuboj |
| **Penisola** | Peninsulo |
| **Ricercatore** | Esploristo |
| **Roccioso** | Rocky |
| **Scientifico** | Scienca |
| **Spedizione** | Expedicio |
| **Temperatura** | Temperaturo |
| **Topografia** | Topografio |

## Antiquariato
### Antikvaĵoj

| | |
|---|---|
| **Arte** | Arto |
| **Asta** | Aŭkcio |
| **Autentico** | Aŭtenta |
| **Condizione** | Kondiĉo |
| **Decenni** | Jardekoj |
| **Decorativo** | Ornamaj |
| **Elegante** | Eleganta |
| **Galleria** | Galero |
| **Insolito** | Nekutima |
| **Investimento** | Investo |
| **Mobilio** | Meblo |
| **Monete** | Moneroj |
| **Prezzo** | Prezo |
| **Qualità** | Kvalito |
| **Restauro** | Restaro |
| **Scultura** | Skulptaĵo |
| **Secolo** | Jarcento |
| **Stile** | Stilo |
| **Valore** | Valoro |
| **Vecchio** | Malnova |

## Api
### Abeloj

| | |
|---|---|
| **Ali** | Flugiloj |
| **Alveare** | Abelujo |
| **Benefico** | Utila |
| **Cera** | Vakso |
| **Cibo** | Manĝo |
| **Diversità** | Diverseco |
| **Ecosistema** | Ekosistema |
| **Fiori** | Floroj |
| **Fiorire** | Floro |
| **Frutta** | Frukto |
| **Fumo** | Fumo |
| **Giardino** | Ĝardeno |
| **Habitat** | Habitato |
| **Insetto** | Insekto |
| **Miele** | Mielo |
| **Piante** | Plantoj |
| **Polline** | Poleno |
| **Regina** | Reĝino |
| **Sciame** | Svarmo |
| **Sole** | Suno |

## Archeologia
### Arkeologio

| | |
|---|---|
| **Analisi** | Analizo |
| **Anni** | Jaroj |
| **Civiltà** | Civilizo |
| **Dimenticato** | Forgesita |
| **Discendente** | Posteulo |
| **Era** | Epoko |
| **Esperto** | Sperta |
| **Fossile** | Fosilo |
| **Frammenti** | Fragmentoj |
| **Mistero** | Mistero |
| **Oggetti** | Celoj |
| **Ossa** | Ostoj |
| **Professore** | Profesoro |
| **Reliquia** | Restaĵa |
| **Ricercatore** | Esploristo |
| **Sconosciuto** | Nekonata |
| **Squadra** | Teamo |
| **Tempio** | Templo |
| **Tomba** | Tombo |
| **Valutazione** | Takso |

## Arte
### Arto

| | |
|---|---|
| **Ceramica** | Ceramiko |
| **Complesso** | Komplekso |
| **Composizione** | Komponado |
| **Dipinti** | Pentraĵoj |
| **Espressione** | Esprimo |
| **Ispirato** | Inspirita |
| **Onesto** | Honesto |
| **Originale** | Originala |
| **Personale** | Persona |
| **Poesia** | Poezio |
| **Ritrarre** | Portretu |
| **Scultura** | Skulptaĵo |
| **Semplice** | Simpla |
| **Simbolo** | Simbolo |
| **Soggetto** | Subjekto |
| **Surrealismo** | Superrealismo |
| **Umore** | Humoro |
| **Visivo** | Vida |

## Arti Visive
### Vidaj Artoj

| | |
|---|---|
| **Architettura** | Arkitekturo |
| **Argilla** | Argilo |
| **Artista** | Artisto |
| **Capolavoro** | Ĉefverko |
| **Carbone** | Karbo |
| **Cavalletto** | Establo |
| **Cera** | Vakso |
| **Ceramica** | Ceramiko |
| **Composizione** | Komponado |
| **Creatività** | Kreavo |
| **Film** | Filmo |
| **Fotografia** | Foto |
| **Gesso** | Kreto |
| **Matita** | Krajono |
| **Penna** | Plumo |
| **Prospettiva** | Perspektivo |
| **Ritratto** | Portreto |
| **Scultura** | Skulptaĵo |
| **Stampino** | Ŝablona |
| **Vernice** | Glazuro |

## Astronomia
### Astronomio

| | |
|---|---|
| **Asteroide** | Asteroido |
| **Astronauta** | Astronaŭto |
| **Astronomo** | Astronomo |
| **Cielo** | Ĉielo |
| **Cosmo** | Kosmo |
| **Costellazione** | Konstelacio |
| **Equinozio** | Ekvinokso |
| **Galassia** | Galaksio |
| **Gravità** | Gravito |
| **Luna** | Luno |
| **Meteora** | Meteoro |
| **Nebulosa** | Nebula |
| **Osservatorio** | Observatorio |
| **Pianeta** | Planedo |
| **Radiazione** | Radiado |
| **Razzo** | Raketo |
| **Supernova** | Supernovao |
| **Telescopio** | Teleskopo |
| **Terra** | Tero |
| **Universo** | Universo |

## Attività
### Agadoj

| | |
|---|---|
| **Abilità** | Lerto |
| **Arte** | Arto |
| **Artigianato** | Metioj |
| **Attività** | Aktiveco |
| **Caccia** | Ĉasado |
| **Campeggio** | Tendumado |
| **Ceramica** | Ceramiko |
| **Cucire** | Kudri |
| **Danza** | Danco |
| **Escursioni** | Altiganta |
| **Fotografia** | Foto |
| **Giardinaggio** | Ĝardenado |
| **Giochi** | Ludoj |
| **Lettura** | Legado |
| **Magia** | Magio |
| **Pesca** | Fiŝkaptado |
| **Piacere** | Plezuro |
| **Puzzle** | Enigmoj |
| **Rilassamento** | Malstreĉiĝo |
| **Tempo Libero** | Libertempo |

## Attività Commerciale
### Komerco

| | |
|---|---|
| **Bilancio** | Buĝeto |
| **Carriera** | Kariero |
| **Costo** | Kosto |
| **Datore di Lavoro** | Dunganto |
| **Dipendente** | Dungito |
| **Economia** | Ekonomio |
| **Fabbrica** | Uzino |
| **Finanza** | Financo |
| **Investimento** | Investo |
| **Merce** | Varo |
| **Negozio** | Butiko |
| **Profitto** | Profito |
| **Reddito** | Enspezo |
| **Sconto** | Rabato |
| **Società** | Firmao |
| **Soldi** | Mono |
| **Tasse** | Impostoj |
| **Ufficio** | Oficejo |
| **Valuta** | Valuto |
| **Vendita** | Vendo |

## Avventura
### Aventuro

| | |
|---|---|
| **Amici** | Amikoj |
| **Attività** | Aktiveco |
| **Bellezza** | Beleco |
| **Caso** | Ŝanco |
| **Coraggio** | Bravo |
| **Destinazione** | Destino |
| **Difficoltà** | Dificulto |
| **Entusiasmo** | Entuziasmo |
| **Escursione** | Ekskurso |
| **Gioia** | Ĝojo |
| **Insolito** | Nekutima |
| **Itinerario** | Itinero |
| **Natura** | Naturo |
| **Navigazione** | Navigado |
| **Nuovo** | Nova |
| **Pericoloso** | Danĝera |
| **Preparazione** | Preparo |
| **Sicurezza** | Sekureco |
| **Viaggi** | Vojaĝoj |

## Balletto
### Baleto

| | |
|---|---|
| **Abilità** | Lerto |
| **Applauso** | Aplaŭdoj |
| **Artistico** | Arta |
| **Ballerini** | Dancistoj |
| **Compositore** | Komponisto |
| **Coreografia** | Koregrafio |
| **Espressivo** | Esprima |
| **Gesto** | Gesto |
| **Grazioso** | Gracia |
| **Intensità** | Intenseco |
| **Muscoli** | Muskoloj |
| **Musica** | Muziko |
| **Orchestra** | Orkestro |
| **Pratica** | Praktiko |
| **Prova** | Provo |
| **Pubblico** | Spektantaro |
| **Ritmo** | Ritmo |
| **Stile** | Stilo |
| **Tecnica** | Tekniko |

## Barbecue
### Rostokradoj

| | |
|---|---|
| **Caldo** | Varma |
| **Cena** | Vespermanĝo |
| **Cibo** | Manĝo |
| **Cipolle** | Cepoj |
| **Coltelli** | Tranĉiloj |
| **Estate** | Somero |
| **Fame** | Malsato |
| **Famiglia** | Familio |
| **Frutta** | Frukto |
| **Giochi** | Ludoj |
| **Griglia** | Grilo |
| **Insalate** | Saladoj |
| **Invito** | Invito |
| **Musica** | Muziko |
| **Pepe** | Pipro |
| **Pollo** | Kokido |
| **Pomodori** | Tomatoj |
| **Pranzo** | Tagmanĝo |
| **Sale** | Salo |
| **Salsa** | Saŭco |

## Bellezza
### Beleco

| | |
|---|---|
| **Colore** | Koloro |
| **Cosmetici** | Kosmetikoj |
| **Elegante** | Eleganta |
| **Eleganza** | Eleganteco |
| **Fascino** | Ĉarmo |
| **Forbici** | Tondilo |
| **Fotogenico** | Fotogénico |
| **Fragranza** | Parfumo |
| **Grazia** | Grace |
| **Liscio** | Glata |
| **Mascara** | Mascara |
| **Pelle** | # ha? To |
| **Prodotti** | Produtoj |
| **Profumo** | Odoro |
| **Riccioli** | Bukloj |
| **Servizi** | Servoj |
| **Shampoo** | Ŝampuo |
| **Specchio** | Spegulo |
| **Stilista** | Stilisto |
| **Trucco** | Konsisto |

## Boxe
### Boksado

| | |
|---|---|
| **Abilità** | Lerto |
| **Angolo** | Angulo |
| **Avversario** | Kontraŭulo |
| **Calcio** | Piedbato |
| **Campana** | Sonorilo |
| **Combattente** | Batalanto |
| **Corde** | Ŝnuroj |
| **Corpo** | Korpo |
| **Esaurito** | Elĉerpita |
| **Forza** | Forto |
| **Fuoco** | Fokuso |
| **Gomito** | Kubuto |
| **Guanti** | Gantoj |
| **Mento** | Mentono |
| **Pugno** | Pugno |
| **Punti** | Punktoj |
| **Rapido** | Rapide |
| **Recupero** | Retrovo |

## Campeggio
### Tendumado

| | |
|---|---|
| **Alberi** | Arboj |
| **Amaca** | Hamako |
| **Animali** | Bestoj |
| **Avventura** | Aventuro |
| **Bussola** | Kompaso |
| **Cabina** | Kabano |
| **Caccia** | Ĉasado |
| **Canoa** | Kanuo |
| **Cappello** | Ĉapelo |
| **Corda** | Ŝnuro |
| **Divertimento** | Amuza |
| **Foresta** | Arbaro |
| **Fuoco** | Fajro |
| **Insetto** | Insekto |
| **Lago** | Lago |
| **Luna** | Luno |
| **Mappa** | Mapo |
| **Montagna** | Monto |
| **Natura** | Naturo |
| **Tenda** | Tendo |

## Casa
### Domo

| | |
|---|---|
| **Attico** | Subtegmento |
| **Biblioteca** | Biblioteko |
| **Camera** | Ĉambro |
| **Camino** | Fajro |
| **Cucina** | Kuirejo |
| **Doccia** | Duŝo |
| **Finestra** | Fenestro |
| **Garage** | Garaĝo |
| **Giardino** | Ĝardeno |
| **Lampada** | Lampo |
| **Parete** | Muro |
| **Pavimento** | Planko |
| **Porta** | Pordo |
| **Recinto** | Barilo |
| **Rubinetto** | Krano |
| **Scopa** | Balao |
| **Soffitto** | Plafono |
| **Specchio** | Spegulo |
| **Tappeto** | Tapiŝo |
| **Tetto** | Tegmento |

## Chimica
### Kemio

| | |
|---|---|
| **Acido** | Acido |
| **Alcalino** | Alkala |
| **Atomico** | Atoma |
| **Calore** | Varmo |
| **Carbonio** | Karbono |
| **Catalizzatore** | Katalizilo |
| **Cloro** | Kloro |
| **Elettrone** | Elektrono |
| **Enzima** | Enzimo |
| **Gas** | Gazo |
| **Idrogeno** | Hidrogeno |
| **Ione** | Jono |
| **Liquido** | Likva |
| **Molecola** | Molekulo |
| **Nucleare** | Nuklea |
| **Organico** | Organika |
| **Ossigeno** | Oksigeno |
| **Peso** | Pezo |
| **Sale** | Salo |
| **Temperatura** | Temperaturo |

## Cibo #1
### Manĝaĵo Numero 1

| | |
|---|---|
| **Aglio** | Ajlo |
| **Basilico** | Bazilo |
| **Cannella** | Cinamo |
| **Carne** | Viando |
| **Carota** | Karoto |
| **Cipolla** | Cepo |
| **Fragola** | Frago |
| **Insalata** | Salato |
| **Latte** | Lakto |
| **Limone** | Citrono |
| **Menta** | Mento |
| **Orzo** | Hordeo |
| **Pera** | Piro |
| **Rapa** | Rapo |
| **Sale** | Salo |
| **Spinaci** | Spinaco |
| **Succo** | Suko |
| **Tonno** | Tinuso |
| **Torta** | Kuko |
| **Zucchero** | Sukero |

## Cibo #2
### Manĝaĵo #2

| | |
|---|---|
| **Banana** | Banano |
| **Broccolo** | Brokolo |
| **Ciliegia** | Ĉerizo |
| **Cioccolato** | Ĉokolado |
| **Formaggio** | Fromaĝo |
| **Fungo** | Fungo |
| **Grano** | Tritiko |
| **Kiwi** | Kivo |
| **Mela** | Pomo |
| **Melanzana** | Melanzo |
| **Pane** | Pano |
| **Pesce** | Fiŝo |
| **Pollo** | Kokido |
| **Pomodoro** | Tomato |
| **Prosciutto** | Ŝinko |
| **Riso** | Rizo |
| **Sedano** | Celerio |
| **Uovo** | Ovo |
| **Uva** | Vinbero |
| **Yogurt** | Jogurto |

## Cioccolato
### Ĉokolado

| | |
|---|---|
| **Amaro** | Amara |
| **Antiossidante** | Antioxidanto |
| **Arachidi** | Arakidoj |
| **Aroma** | Aromo |
| **Cacao** | Kakao |
| **Calorie** | Kalorioj |
| **Caramello** | Karamelo |
| **Delizioso** | Bonaj |
| **Dolce** | Dolĉa |
| **Esotico** | Ekzota |
| **Gusto** | Gusto |
| **Ingrediente** | Ingredienco |
| **Noce di Cocco** | Kokoso |
| **Polvere** | Pulvoro |
| **Preferito** | Ŝatata |
| **Qualità** | Kvalito |
| **Ricetta** | Recepto |
| **Zucchero** | Sukero |

## Circo
### Cirko

| | |
|---|---|
| **Acrobata** | Akrobato |
| **Animali** | Bestoj |
| **Biglietto** | Bileto |
| **Clown** | Pajaco |
| **Costume** | Kostumo |
| **Elefante** | Elefanto |
| **Giocoliere** | Jognisto |
| **Intrattenere** | Amuzi |
| **Leone** | Leono |
| **Magia** | Magio |
| **Mago** | Mago |
| **Mostrare** | Montro |
| **Musica** | Muziko |
| **Palloncini** | Balonoj |
| **Parata** | Parado |
| **Scimmia** | Simio |
| **Spettatore** | Spektanto |
| **Tenda** | Tendo |
| **Tigre** | Tigro |
| **Trucco** | Ruzo |

## Città
### Urbo

| | |
|---|---|
| **Aeroporto** | Flughaveno |
| **Banca** | Banko |
| **Biblioteca** | Biblioteko |
| **Cinema** | Kino |
| **Clinica** | Kliniko |
| **Farmacia** | Apoteko |
| **Fiorista** | Floristo |
| **Galleria** | Galero |
| **Hotel** | Hotelo |
| **Libreria** | Librejo |
| **Mercato** | Merkato |
| **Museo** | Muzeo |
| **Negozio** | Vendejo |
| **Panetteria** | Bakejo |
| **Scuola** | Lernejo |
| **Stadio** | Stadio |
| **Supermercato** | Superbazaro |
| **Teatro** | Teatro |
| **Università** | Universitato |
| **Zoo** | Zoo |

## Corpo Umano
### Homa Korpo

| | |
|---|---|
| **Bocca** | Buŝo |
| **Caviglia** | Maleolo |
| **Cervello** | Cerbo |
| **Collo** | Kolo |
| **Cuore** | Koro |
| **Dito** | Fingro |
| **Faccia** | Vizaĝo |
| **Gamba** | Kruro |
| **Ginocchio** | Genuo |
| **Gomito** | Kubuto |
| **Mano** | Mano |
| **Mento** | Mentono |
| **Naso** | Nazo |
| **Occhio** | Okulo |
| **Orecchio** | Orelo |
| **Pelle** | # ha? To |
| **Sangue** | Sango |
| **Spalla** | Ŝultro |
| **Stomaco** | Stomako |
| **Testa** | Kapo |

## Creatività
### Kreivo

| | |
|---|---|
| **Abilità** | Lerto |
| **Artistico** | Arta |
| **Autenticità** | Aŭtentikeco |
| **Chiarezza** | Klareco |
| **Drammatico** | Draman |
| **Emozioni** | Emocioj |
| **Espressione** | Esprimo |
| **Fluidità** | Flueco |
| **Idee** | Ideoj |
| **Immaginazione** | Imagpovo |
| **Immagine** | Bildo |
| **Impressione** | Impreso |
| **Intensità** | Intenseco |
| **Intuizione** | Intuicio |
| **Inventivo** | Inventa |
| **Ispirazione** | Inspiro |
| **Sensazione** | Sento |
| **Spontaneo** | Spontanea |
| **Visioni** | Vizioj |
| **Vitalità** | Vigleco |

## Cucina
### Kuirejo

| | |
|---|---|
| **Bacchette** | Chopsticks |
| **Bollitore** | Kaldrono |
| **Brocca** | Kruĉo |
| **Cibo** | Manĝo |
| **Ciotola** | Bovlo |
| **Coltelli** | Tranĉiloj |
| **Congelatore** | Frostujo |
| **Cucchiai** | Kuleroj |
| **Forchette** | Forkoj |
| **Forno** | Forno |
| **Frigorifero** | Fridujo |
| **Grembiule** | Antaŭtuko |
| **Griglia** | Grilo |
| **Mestolo** | Ĉerpilo |
| **Ricetta** | Recepto |
| **Spezie** | Specoj |
| **Spugna** | Spongo |
| **Tazze** | Tasoj |
| **Tovagliolo** | Buŝtuko |
| **Vaso** | Vazo |

## Danza
### Danco

| | |
|---|---|
| **Accademia** | Akademio |
| **Arte** | Arto |
| **Classico** | Klasika |
| **Compagno** | Partnero |
| **Coreografia** | Koregrafio |
| **Corpo** | Korpo |
| **Cultura** | Kulturo |
| **Culturale** | Kultura |
| **Emozione** | Emocio |
| **Espressivo** | Esprima |
| **Gioioso** | Ĝoja |
| **Grazia** | Grace |
| **Movimento** | Movado |
| **Musica** | Muziko |
| **Postura** | Sinteno |
| **Prova** | Provo |
| **Ritmo** | Ritmo |
| **Tradizionale** | Tradicia |
| **Visivo** | Vida |

## Diplomazia
### Diplomatio

| | |
|---|---|
| **Ambasciata** | Ambasado |
| **Ambasciatore** | Ambasadoro |
| **Cittadini** | Civitanoj |
| **Civico** | Civita |
| **Comunità** | Komunumo |
| **Conflitto** | Konflikto |
| **Consigliere** | Konsilanto |
| **Cooperazione** | Kunlaboro |
| **Diplomatico** | Diplomatia |
| **Discussione** | Diskuto |
| **Etica** | Etiko |
| **Giustizia** | Justeco |
| **Governo** | Registaro |
| **Integrità** | Integreco |
| **Politica** | Politiko |
| **Risoluzione** | Rezolucio |
| **Sicurezza** | Sekureco |
| **Soluzione** | Solvo |
| **Trattato** | Traktato |
| **Umanitario** | Humanitaro |

## Discipline Scientifiche
### Sciencaj Disciplinoj

| | |
|---|---|
| **Anatomia** | Anatomio |
| **Archeologia** | Arkeologio |
| **Astronomia** | Astronomio |
| **Biochimica** | Biokemio |
| **Biologia** | Biologio |
| **Botanica** | Botaniko |
| **Chimica** | Kemio |
| **Ecologia** | Ekologio |
| **Fisiologia** | Fiziologio |
| **Geologia** | Geologio |
| **Immunologia** | Imunologio |
| **Linguistica** | Lingvistiko |
| **Meccanica** | Mekaniko |
| **Meteorologia** | Meteologio |
| **Mineralogia** | Mineralogio |
| **Neurologia** | Neurologio |
| **Psicologia** | Psikologio |
| **Sociologia** | Sociologio |
| **Termodinamica** | Termodinamiko |
| **Zoologia** | Zoologio |

## Ecologia
### Ekologio

| | |
|---|---|
| **Clima** | Klimato |
| **Comunità** | Komunumoj |
| **Diversità** | Diverseco |
| **Fauna** | Faŭno |
| **Flora** | Flora |
| **Globale** | Tutmonda |
| **Habitat** | Habitato |
| **Marino** | Mara |
| **Natura** | Naturo |
| **Naturale** | Natura |
| **Palude** | Marĉo |
| **Piante** | Plantoj |
| **Risorse** | Rimedoj |
| **Siccità** | Sekeco |
| **Sopravvivenza** | Supervivo |
| **Sostenibile** | Daŭrigebla |
| **Specie** | Specio |
| **Varietà** | Vario |
| **Vegetazione** | Vegetaĵaro |
| **Volontari** | Volontuloj |

## Edifici
### Konstruaĵoj

| | |
|---|---|
| **Ambasciata** | Ambasado |
| **Appartamento** | Apartamento |
| **Cabina** | Kabano |
| **Castello** | Kastelo |
| **Cinema** | Kino |
| **Fabbrica** | Uzino |
| **Fienile** | Grenejo |
| **Hotel** | Hotelo |
| **Laboratorio** | Laboratorio |
| **Museo** | Muzeo |
| **Ospedale** | Hospitalo |
| **Osservatorio** | Observatorio |
| **Ostello** | Gastejo |
| **Scuola** | Lernejo |
| **Stadio** | Stadio |
| **Supermercato** | Superbazaro |
| **Teatro** | Teatro |
| **Tenda** | Tendo |
| **Torre** | Turo |
| **Università** | Universitato |

## Elettricità
### Elektro

| | |
|---|---|
| **Attrezzatura** | Ekipaĵo |
| **Batteria** | Baterio |
| **Cavo** | Kablo |
| **Conservazione** | Stokado |
| **Elettricista** | Elektristo |
| **Elettrico** | Elektro |
| **Fili** | Dratoj |
| **Generatore** | Generatoro |
| **Lampada** | Lampo |
| **Lampadina** | Bulbo |
| **Laser** | Lasero |
| **Magnete** | Magneto |
| **Negativo** | Negativo |
| **Oggetti** | Celoj |
| **Positivo** | Pozitiva |
| **Presa** | Ingo |
| **Quantità** | Kvanto |
| **Rete** | Reto |
| **Telefono** | Telefono |
| **Televisione** | Televido |

## Energia
### Energio

| | |
|---|---|
| **Ambiente** | Medio |
| **Batteria** | Baterio |
| **Benzina** | Benzino |
| **Calore** | Varmo |
| **Carbonio** | Karbono |
| **Carburante** | Fuelo |
| **Diesel** | Dezelo |
| **Elettrico** | Elektro |
| **Elettrone** | Elektrono |
| **Entropia** | Entropio |
| **Fotone** | Fotono |
| **Idrogeno** | Hidrogeno |
| **Industria** | Industrio |
| **Inquinamento** | Poluo |
| **Motore** | Motoro |
| **Nucleare** | Nuklea |
| **Rinnovabile** | Renovigebla |
| **Turbina** | Turbino |
| **Vapore** | Vaporo |
| **Vento** | Vento |

## Erboristeria
### Herbalism

| | |
|---|---|
| **Aglio** | Ajlo |
| **Aromatico** | Aromaj |
| **Basilico** | Bazilo |
| **Culinario** | Kulinara |
| **Dragoncello** | Tarragon |
| **Finocchio** | Fenkolo |
| **Fiore** | Floro |
| **Giardino** | Ĝardeno |
| **Ingrediente** | Ingredienco |
| **Lavanda** | Lavendo |
| **Maggiorana** | Marĝoromo |
| **Menta** | Mento |
| **Origano** | Origano |
| **Pianta** | Planto |
| **Prezzemolo** | Petroselo |
| **Qualità** | Kvalito |
| **Rosmarino** | Romero |
| **Timo** | Timiano |
| **Verde** | Verda |
| **Zafferano** | Safrano |

## Escursionismo
### Altiganta

| | |
|---|---|
| **Acqua** | Akvo |
| **Animali** | Bestoj |
| **Campeggio** | Tendumado |
| **Clima** | Klimato |
| **Guide** | Gvidiloj |
| **Mappa** | Mapo |
| **Meteo** | Vetero |
| **Montagna** | Monto |
| **Natura** | Naturo |
| **Orientamento** | Orientiĝo |
| **Parchi** | Parkoj |
| **Pesante** | Peza |
| **Pietre** | Ŝtonoj |
| **Preparazione** | Preparo |
| **Scogliera** | Klifo |
| **Selvaggio** | Sovaĝa |
| **Sole** | Suno |
| **Stanco** | Laca |
| **Stivali** | Botoj |
| **Vertice** | Punto |

## Etica
### Etiko

| | |
|---|---|
| **Altruismo** | Altruismo |
| **Compassione** | Kompato |
| **Cooperazione** | Kunlaboro |
| **Dignità** | Digno |
| **Diplomatico** | Diplomatia |
| **Filosofia** | Filozofio |
| **Individualismo** | Individuismo |
| **Integrità** | Integreco |
| **Onestà** | Honesteco |
| **Ottimismo** | Optimismo |
| **Pazienza** | Pacienco |
| **Ragionevole** | Akceptebla |
| **Razionalità** | Racieco |
| **Realismo** | Realismo |
| **Rispettoso** | Respekta |
| **Saggezza** | Saĝo |
| **Tolleranza** | Toleremo |
| **Umanità** | Homaro |
| **Valori** | Valoroj |

## Famiglia
### Familio

| | |
|---|---|
| **Antenato** | Prapatro |
| **Bambini** | Infanoj |
| **Bambino** | Infano |
| **Cugino** | Kuzo |
| **Figlia** | Filino |
| **Fratello** | Frato |
| **Infanzia** | Infanaĝo |
| **Madre** | Patrino |
| **Marito** | Edzo |
| **Materno** | Patrina |
| **Moglie** | Edzino |
| **Nipote** | Nevo |
| **Nipote** | Nepo |
| **Nonna** | Avino |
| **Nonno** | Avo |
| **Padre** | Patro |
| **Paterno** | Patra |
| **Sorella** | Fratino |
| **Zia** | Onklino |
| **Zio** | Onklo |

## Fantascienza
### Sciencfikcio

| | |
|---|---|
| **Atomico** | Atoma |
| **Cinema** | Kino |
| **Distopia** | Distopio |
| **Esplosione** | Eksplodo |
| **Estremo** | Ekstrema |
| **Fantastico** | Mirinda |
| **Fuoco** | Fajro |
| **Futuristico** | Futurista |
| **Galassia** | Galaksio |
| **Illusione** | Iluzio |
| **Immaginario** | Imaga |
| **Libri** | Libroj |
| **Misterioso** | Mistera |
| **Mondo** | Mondo |
| **Oracolo** | Orakolo |
| **Pianeta** | Planedo |
| **Realistico** | Realismo |
| **Robot** | Robotoj |
| **Tecnologia** | Teknologio |
| **Utopia** | Utopio |

## Fattoria #1
### Bieno #1

| | |
|---|---|
| **Acqua** | Akvo |
| **Agricoltura** | Agrikulturo |
| **Ape** | Abelo |
| **Asino** | Azeno |
| **Campo** | Kampo |
| **Cane** | Hundo |
| **Capra** | Kapro |
| **Cavallo** | Ĉevalo |
| **Fertilizzante** | Sterko |
| **Fieno** | Fojno |
| **Gatto** | Kato |
| **Gregge** | Grego |
| **Maiale** | Porko |
| **Miele** | Mielo |
| **Mucca** | Bovino |
| **Pollo** | Kokido |
| **Recinto** | Barilo |
| **Riso** | Rizo |
| **Semi** | Semoj |
| **Vitello** | Bovido |

## Fattoria #2
### Bieno #2

| | |
|---|---|
| **Agnello** | Ŝafido |
| **Agricoltore** | Kulturo |
| **Anatra** | Anaso |
| **Animali** | Bestoj |
| **Cibo** | Manĝo |
| **Fienile** | Grenejo |
| **Frutta** | Frukto |
| **Grano** | Tritiko |
| **Irrigazione** | Irigado |
| **Lama** | Lamo |
| **Latte** | Lakto |
| **Mais** | Maizo |
| **Maturo** | Matura |
| **Oche** | Anseroj |
| **Orzo** | Hordeo |
| **Pecora** | Ŝafo |
| **Prato** | Herbejo |
| **Trattore** | Tractor |
| **Verdura** | Legomo |

## Filantropia
### Filantropio

| | |
|---|---|
| **Bambini** | Infanoj |
| **Bisogno** | Devas |
| **Carità** | Bonfarado |
| **Comunità** | Komunumo |
| **Contatti** | Kontaktoj |
| **Finanza** | Financo |
| **Fondi** | Fundoj |
| **Generosità** | Malavareco |
| **Gioventù** | Junulo |
| **Globale** | Tutmonda |
| **Gruppi** | Grupoj |
| **Missione** | Misio |
| **Obiettivi** | Celoj |
| **Onestà** | Honesteco |
| **Persone** | Homoj |
| **Programmi** | Programoj |
| **Pubblico** | Publiko |
| **Storia** | Historio |
| **Umanità** | Homaro |

## Fisica
### Fiziko

| | |
|---|---|
| **Accelerazione** | Akcelo |
| **Atomo** | Atomo |
| **Caos** | Kaoso |
| **Chimico** | Kemiko |
| **Densità** | Denso |
| **Elettrone** | Elektrono |
| **Espansione** | Expanso |
| **Formula** | Formulo |
| **Frequenza** | Frekvenco |
| **Gas** | Gazo |
| **Gravità** | Gravito |
| **Magnetismo** | Magnetismo |
| **Meccanica** | Mekaniko |
| **Molecola** | Molekulo |
| **Motore** | Motoro |
| **Nucleare** | Nuklea |
| **Particella** | Partiklo |
| **Relatività** | Relativeco |
| **Universale** | Universala |
| **Velocità** | Rapideco |

## Foresta Pluviale
### Pluvarbaro

| | |
|---|---|
| **Anfibi** | Amfibioj |
| **Botanico** | Botaniko |
| **Clima** | Klimato |
| **Comunità** | Komunumo |
| **Diversità** | Diverseco |
| **Giungla** | Ĝangalo |
| **Indigeno** | Indiĝena |
| **Insetti** | Insektoj |
| **Mammiferi** | Mamuloj |
| **Muschio** | Musko |
| **Natura** | Naturo |
| **Nuvole** | Nuboj |
| **Preservazione** | Konservado |
| **Prezioso** | Valora |
| **Restauro** | Restaro |
| **Rifugio** | Rifuĝo |
| **Rispetto** | Respekto |
| **Sopravvivenza** | Supervivo |
| **Specie** | Specio |
| **Uccelli** | Birdoj |

## Forme
### Formoj

| | |
|---|---|
| **Angolo** | Angulo |
| **Arco** | Arko |
| **Bordi** | Randoj |
| **Cerchio** | Cirklo |
| **Cilindro** | Cilindro |
| **Cono** | Konuso |
| **Cubo** | Kubo |
| **Curva** | Kurbo |
| **Ellisse** | Elipso |
| **Iperbole** | Hiperbolo |
| **Lato** | Flanko |
| **Linea** | Linio |
| **Ovale** | Ovala |
| **Piramide** | Piramido |
| **Poligono** | Poligono |
| **Prisma** | Prismo |
| **Quadrato** | Kvadrato |
| **Rettangolo** | Rectangulo |
| **Sfera** | Sfero |
| **Triangolo** | Triangulo |

## Forniture Artistiche
### Arto Provizoj

| | |
|---|---|
| **Acqua** | Akvo |
| **Acquerelli** | Akvareloj |
| **Acrilico** | Akriliko |
| **Argilla** | Argilo |
| **Carbone** | Karbo |
| **Carta** | Papero |
| **Cavalletto** | Establo |
| **Colla** | Gluo |
| **Colori** | Koloroj |
| **Creatività** | Kreavo |
| **Gomma** | Eraser |
| **Idee** | Ideoj |
| **Inchiostro** | Inko |
| **Matite** | Krajonoj |
| **Olio** | Oleo |
| **Pastelli** | Pasteloj |
| **Sedia** | Seĝo |
| **Spazzole** | Brosoj |
| **Tavolo** | Tablo |
| **Telecamera** | Fotilo |

## Forza e Gravità
### Forto kaj Gravito

| | |
|---|---|
| **Asse** | Akso |
| **Attrito** | Frotado |
| **Centro** | Centro |
| **Dinamico** | Dinamika |
| **Distanza** | Distanco |
| **Espansione** | Expanso |
| **Fisica** | Fiziko |
| **Impatto** | Efiko |
| **Magnetismo** | Magnetismo |
| **Meccanica** | Mekaniko |
| **Movimento** | Movo |
| **Orbita** | Orbito |
| **Peso** | Pezo |
| **Pianeti** | Planedoj |
| **Pressione** | Premo |
| **Proprietà** | Propraĵoj |
| **Scoperta** | Elkovo |
| **Tempo** | Tempo |
| **Universale** | Universala |
| **Velocità** | Rapido |

## Frutta
### Frukto

| | |
|---|---|
| **Albicocca** | Abrikoto |
| **Ananas** | Ananaso |
| **Arancia** | Oranĝo |
| **Avocado** | Avokado |
| **Bacca** | Bero |
| **Banana** | Banano |
| **Ciliegia** | Ĉerizo |
| **Kiwi** | Kivo |
| **Lampone** | Frambo |
| **Limone** | Citrono |
| **Mango** | Mango |
| **Mela** | Pomo |
| **Melone** | Melono |
| **Mora** | Ruso |
| **Nettarina** | Nektarino |
| **Papaia** | Papajo |
| **Pera** | Piro |
| **Pesca** | Persiko |
| **Prugna** | Pruno |
| **Uva** | Vinbero |

## Gatti
### Katoj

| | |
|---|---|
| **Artiglio** | Ungego |
| **Cacciatore** | Ĉasisto |
| **Coda** | Vosto |
| **Curioso** | Kurioza |
| **Divertente** | Amuza |
| **Dormire** | Dormi |
| **Filo** | Teksaĵo |
| **Giocoso** | Ludema |
| **Indipendente** | Sendependa |
| **Pazzo** | Freneza |
| **Pelliccia** | Felto |
| **Personalità** | Personeco |
| **Poco** | Eta |
| **Selvaggio** | Sovaĝa |
| **Timido** | Timita |
| **Topo** | Muso |
| **Veloce** | Rapide |
| **Zampa** | Paw |

## Geografia
### Geografio

| | |
|---|---|
| **Altitudine** | Alteco |
| **Atlante** | Atlaso |
| **Città** | Urbo |
| **Continente** | Kontinento |
| **Emisfero** | Hemisfero |
| **Fiume** | Rivero |
| **Isola** | Insulo |
| **Latitudine** | Latitudo |
| **Mappa** | Mapo |
| **Mare** | Maro |
| **Meridiano** | Meridiano |
| **Mondo** | Mondo |
| **Montagna** | Monto |
| **Nord** | Nordo |
| **Oceano** | Oceano |
| **Ovest** | Okcidento |
| **Paese** | Lando |
| **Regione** | Regiono |
| **Sud** | Sudo |
| **Territorio** | Teritorio |

## Geologia
### Geologio

| | |
|---|---|
| **Acido** | Acido |
| **Altopiano** | Altebenaĵo |
| **Calcio** | Kalcio |
| **Caverna** | Kaverno |
| **Continente** | Kontinento |
| **Corallo** | Koralo |
| **Cristalli** | Kristaloj |
| **Erosione** | Erozio |
| **Fossile** | Fosilo |
| **Geyser** | Gejsero |
| **Lava** | Lavo |
| **Minerali** | Mineraloj |
| **Pietra** | Ŝtono |
| **Quarzo** | Kvarco |
| **Sale** | Salo |
| **Stalagmiti** | Stalagmitoj |
| **Stalattite** | Stalaktito |
| **Strato** | Tavolo |
| **Terremoto** | Tertremo |
| **Vulcano** | Vulkano |

## Geometria
### Geometrio

| | |
|---|---|
| **Altezza** | Alto |
| **Angolo** | Angulo |
| **Calcolo** | Kalkulo |
| **Cerchio** | Cirklo |
| **Curva** | Kurbo |
| **Diametro** | Diametro |
| **Dimensione** | Dimensio |
| **Equazione** | Ekvacio |
| **Logica** | Logiko |
| **Mediano** | Mediano |
| **Numero** | Numero |
| **Orizzontale** | Horizontala |
| **Parallelo** | Paralelo |
| **Proporzione** | Proporcio |
| **Segmento** | Segmento |
| **Simmetria** | Simetrio |
| **Superficie** | Surfaco |
| **Teoria** | Teorio |
| **Triangolo** | Triangulo |
| **Verticale** | Vertikala |

## Giardinaggio
### # ? Ardenado

| | |
|---|---|
| **Acqua** | Akvo |
| **Botanico** | Botaniko |
| **Clima** | Klimato |
| **Commestibile** | Manĝebla |
| **Compost** | Komposto |
| **Contenitore** | Ujo |
| **Esotico** | Ekzota |
| **Fiorire** | Floro |
| **Floreale** | Flora |
| **Foglia** | Folio |
| **Fogliame** | Folioj |
| **Mazzo** | Bukedo |
| **Semi** | Semoj |
| **Specie** | Specio |
| **Sporco** | Malpuraĵo |
| **Stagionale** | Sezona |
| **Suolo** | Trulo |
| **Tubo** | Hoso |
| **Umidità** | Humido |

## Giardino
### Ĝardeno

| | |
|---|---|
| **Albero** | Arbo |
| **Amaca** | Hamako |
| **Cespuglio** | Arbusto |
| **Erba** | Herbo |
| **Erbacce** | Herboj |
| **Fiore** | Floro |
| **Garage** | Garaĝo |
| **Giardino** | Ĝardeno |
| **Pala** | Ŝovelilo |
| **Panca** | Benko |
| **Portico** | Verando |
| **Prato** | Gazono |
| **Rastrello** | Rasti |
| **Recinto** | Barilo |
| **Stagno** | Lageto |
| **Suolo** | Trulo |
| **Terrazza** | Teraso |
| **Trampolino** | Trampolino |
| **Tubo** | Hoso |

## Giorni e Mesi
### Tagoj kaj Monatoj

| | |
|---|---|
| **Agosto** | Aŭgusto |
| **Anno** | Jaro |
| **Aprile** | Aprilo |
| **Calendario** | Kalendaro |
| **Dicembre** | Decembro |
| **Domenica** | Dimanĉo |
| **Febbraio** | Februaro |
| **Gennaio** | Januaro |
| **Giugno** | Junio |
| **Luglio** | Julio |
| **Lunedì** | Lundo |
| **Martedì** | Mardo |
| **Mercoledì** | Merkredo |
| **Mese** | Monato |
| **Novembre** | Novembro |
| **Ottobre** | Oktobro |
| **Sabato** | Sabato |
| **Settembre** | Septembro |
| **Settimana** | Semajno |
| **Venerdì** | Vendredo |

## Governo
### Registaro

| | |
|---|---|
| **Capo** | Gvidanto |
| **Cittadinanza** | Civitano |
| **Civile** | Civila |
| **Costituzione** | Konstitucio |
| **Democrazia** | Demokratio |
| **Discorso** | Parolado |
| **Discussione** | Diskuto |
| **Giudiziario** | Juĝaj |
| **Giustizia** | Justeco |
| **Indipendenza** | Independence |
| **Legge** | Leĝo |
| **Libertà** | Libereco |
| **Monumento** | Monumento |
| **Nazionale** | Nacia |
| **Nazione** | Nacio |
| **Politica** | Politiko |
| **Quartiere** | Distrikto |
| **Simbolo** | Simbolo |
| **Stato** | Stato |
| **Uguaglianza** | Egaleco |

## Guida
### Veturado

| | |
|---|---|
| **Auto** | Aŭto |
| **Autobus** | Buso |
| **Carburante** | Fuelo |
| **Freni** | Bremsoj |
| **Garage** | Garaĝo |
| **Gas** | Gazo |
| **Incidente** | Akcidento |
| **Licenza** | Permesilo |
| **Mappa** | Mapo |
| **Moto** | Motorciklo |
| **Motore** | Motoro |
| **Pedonale** | Piediranto |
| **Pericolo** | Danĝero |
| **Polizia** | Polico |
| **Sicurezza** | Sekureco |
| **Strada** | Vojo |
| **Traffico** | Trafiko |
| **Trasporto** | Transportado |
| **Tunnel** | Tunelo |
| **Velocità** | Rapido |

## I Media
### La Amaskomunikilaro

| | |
|---|---|
| **Atteggiamenti** | Sintenoj |
| **Commerciale** | Komerca |
| **Comunicazione** | Komuniko |
| **Digitale** | Digitalo |
| **Edizione** | Eldono |
| **Educazione** | Eduko |
| **Fatti** | Faktoj |
| **Finanziamento** | Financado |
| **Foto** | Fotoj |
| **Giornali** | Gazetoj |
| **Individuale** | Individuo |
| **Industria** | Industrio |
| **Intellettuale** | Intelekta |
| **Locale** | Loka |
| **Online** | Rete |
| **Opinione** | Opinio |
| **Pubblico** | Publiko |
| **Radio** | Radio |
| **Rete** | Reto |
| **Televisione** | Televido |

## Imbarcazioni
### Boatoj

| | |
|---|---|
| **Albero** | Masto |
| **Ancora** | Ankro |
| **Barca a Vela** | Velŝipo |
| **Boa** | Buo |
| **Canoa** | Kanuo |
| **Corda** | Ŝnuro |
| **Equipaggio** | Skipo |
| **Fiume** | Rivero |
| **Kayak** | Kajako |
| **Lago** | Lago |
| **Mare** | Maro |
| **Marinaio** | Maristo |
| **Marittimo** | Mare |
| **Motore** | Motoro |
| **Nautico** | Naŭtika |
| **Oceano** | Oceano |
| **Onde** | Ondoj |
| **Traghetto** | Primo |
| **Yacht** | Jaĉto |
| **Zattera** | Floso |

## Ingegneria
### Inĝenieristiko

| | |
|---|---|
| **Angolo** | Angulo |
| **Asse** | Akso |
| **Calcolo** | Kalkulo |
| **Costruzione** | Konstruo |
| **Diagramma** | Diagramo |
| **Diametro** | Diametro |
| **Diesel** | Dezelo |
| **Distribuzione** | Distribuo |
| **Energia** | Energio |
| **Forza** | Forto |
| **Ingranaggi** | Ilaroj |
| **Leve** | Leviloj |
| **Liquido** | Likva |
| **Macchina** | Maŝino |
| **Misurazione** | Mezurado |
| **Motore** | Motoro |
| **Profondità** | Profundo |
| **Rotazione** | Rotacio |
| **Stabilità** | Stabileco |
| **Struttura** | Strukturo |

## Jazz
### Ĵazo

| | |
|---|---|
| **Album** | Albumo |
| **Applauso** | Aplaŭdoj |
| **Artista** | Artisto |
| **Canzone** | Kanto |
| **Compositore** | Komponisto |
| **Composizione** | Komponado |
| **Concerto** | Koncerto |
| **Enfasi** | Emfazo |
| **Famoso** | Fama |
| **Genere** | Varo |
| **Improvvisazione** | Improvizo |
| **Musica** | Muziko |
| **Nuovo** | Nova |
| **Orchestra** | Orkestro |
| **Preferiti** | Ŝatatoj |
| **Ritmo** | Ritmo |
| **Stile** | Stilo |
| **Talento** | Talento |
| **Tecnica** | Tekniko |
| **Vecchio** | Malnova |

## L'Azienda
### La Firmao

| | |
|---|---|
| **Creativo** | Krea |
| **Decisione** | Decido |
| **Globale** | Tutmonda |
| **Industria** | Industrio |
| **Innovativo** | Noviga |
| **Investimento** | Investo |
| **Occupazione** | Dungo |
| **Possibilità** | Ebleco |
| **Presentazione** | Prezento |
| **Prodotto** | Produkto |
| **Professionale** | Profesia |
| **Progresso** | Progreso |
| **Qualità** | Kvalito |
| **Reddito** | Enspezo |
| **Reputazione** | Reputacio |
| **Rischi** | Riskoj |
| **Risorse** | Rimedoj |
| **Salari** | Salajroj |
| **Tendenze** | Tendencoj |
| **Unità** | Unuoj |

## Letteratura
### Literaturo

| | |
|---|---|
| **Analisi** | Analizo |
| **Analogia** | Analogio |
| **Aneddoto** | Anekdoto |
| **Autore** | Aŭtoro |
| **Biografia** | Biografio |
| **Conclusione** | Konkludo |
| **Confronto** | Komparo |
| **Descrizione** | Priskribo |
| **Dialogo** | Dialogo |
| **Genere** | Varo |
| **Metafora** | Metaforo |
| **Opinione** | Opinio |
| **Poesia** | Poemo |
| **Poetico** | Poezia |
| **Rima** | Rimo |
| **Ritmo** | Ritmo |
| **Romanzo** | Romano |
| **Stile** | Stilo |
| **Tema** | Temo |
| **Tragedia** | Tragedio |

## Libri
### Libroj

| | |
|---|---|
| **Autore** | Aŭtoro |
| **Avventura** | Aventuro |
| **Collezione** | Kolekto |
| **Contesto** | Kunteksto |
| **Dualità** | Dueco |
| **Epico** | Epopea |
| **Inventivo** | Inventa |
| **Letterario** | Literatura |
| **Lettore** | Leganto |
| **Narratore** | Rakontanto |
| **Pagina** | Paĝo |
| **Poesia** | Poezio |
| **Rilevante** | Relevo |
| **Romanzo** | Romano |
| **Scritto** | Skriba |
| **Serie** | Serio |
| **Storia** | Rakonto |
| **Storico** | Historia |
| **Tragico** | Tragika |
| **Umoristico** | Humura |

## Mammiferi
### Mamuloj

| | |
|---|---|
| **Balena** | Baleno |
| **Cane** | Hundo |
| **Canguro** | Kanguruo |
| **Cavallo** | Ĉevalo |
| **Cervo** | Cervo |
| **Coniglio** | Kuniklo |
| **Coyote** | Kojoto |
| **Delfino** | Delfeno |
| **Elefante** | Elefanto |
| **Gatto** | Kato |
| **Giraffa** | Ĝirafo |
| **Gorilla** | Gorilo |
| **Leone** | Leono |
| **Lupo** | Lupo |
| **Orso** | Urso |
| **Pecora** | Ŝafo |
| **Scimmia** | Simio |
| **Toro** | Virbovo |
| **Volpe** | Vulpo |
| **Zebra** | Zebro |

## Matematica
### Matematiko

| | |
|---|---|
| **Angoli** | Anguloj |
| **Aritmetica** | Aritmetiko |
| **Circonferenza** | Cirkonferenco |
| **Decimale** | Decimala |
| **Diametro** | Diametro |
| **Divisione** | Divido |
| **Equazione** | Ekvacio |
| **Esponente** | Eksponento |
| **Frazione** | Frakcio |
| **Geometria** | Geometrio |
| **Parallelo** | Paralelo |
| **Parallelogramma** | Paralelogramo |
| **Perimetro** | Perimetro |
| **Poligono** | Poligono |
| **Quadrato** | Kvadrato |
| **Rettangolo** | Rectangulo |
| **Simmetria** | Simetrio |
| **Somma** | Sumo |
| **Triangolo** | Triangulo |
| **Volume** | Volumo |

## Meditazione
### Meditado

| | |
|---|---|
| **Accettazione** | Akcepto |
| **Attenzione** | Atentu |
| **Calma** | Trankvile |
| **Chiarezza** | Klareco |
| **Compassione** | Kompato |
| **Emozioni** | Emocioj |
| **Felicità** | Feliĉo |
| **Gratitudine** | Dankon |
| **Mentale** | Menta |
| **Mente** | Menso |
| **Movimento** | Movado |
| **Musica** | Muziko |
| **Natura** | Naturo |
| **Osservazione** | Observo |
| **Pace** | Paco |
| **Pensieri** | Pensoj |
| **Postura** | Sinteno |
| **Prospettiva** | Perspektivo |
| **Respirazione** | Spirado |
| **Silenzio** | Silento |

## Meteo
### Vetero

| | |
|---|---|
| **Arcobaleno** | Ĉielarko |
| **Asciutto** | Seka |
| **Atmosfera** | Atmosfero |
| **Calma** | Trankvile |
| **Cielo** | Ĉielo |
| **Clima** | Klimato |
| **Fulmine** | Fulmo |
| **Ghiaccio** | Glacio |
| **Nebbia** | Nebulo |
| **Nube** | Nubo |
| **Polare** | Polusa |
| **Siccità** | Sekeco |
| **Temperatura** | Temperaturo |
| **Tempesta** | Ŝtormo |
| **Tornado** | Tornado |
| **Tropicale** | Tropika |
| **Tuono** | Tondro |
| **Umido** | Humida |
| **Uragano** | Uragano |
| **Vento** | Vento |

## Misurazioni
### Mezuradoj

| | |
|---|---|
| **Altezza** | Alto |
| **Byte** | Bajto |
| **Centimetro** | Centimetro |
| **Chilogrammo** | Kilogramo |
| **Chilometro** | Kilometro |
| **Decimale** | Decimala |
| **Grado** | Grado |
| **Grammo** | Gramo |
| **Larghezza** | Larĝo |
| **Litro** | Litro |
| **Lunghezza** | Longo |
| **Massa** | Maso |
| **Metro** | Metro |
| **Minuto** | Minuto |
| **Oncia** | Unco |
| **Peso** | Pezo |
| **Pollice** | Colo |
| **Profondità** | Profundo |
| **Tonnellata** | Tuno |
| **Volume** | Volumo |

## Mitologia
### Mitologio

| | |
|---|---|
| **Archetipo** | Arketipo |
| **Comportamento** | Konduto |
| **Creatura** | Besto |
| **Creazione** | Kreo |
| **Cultura** | Kulturo |
| **Disastro** | Katastrofo |
| **Divinità** | Dioj |
| **Eroe** | Heroo |
| **Forza** | Forto |
| **Fulmine** | Fulmo |
| **Gelosia** | Ĵaluzo |
| **Guerriero** | Milito |
| **Immortalità** | Senmorteco |
| **Labirinto** | Labirinto |
| **Leggenda** | Legendo |
| **Magico** | Magia |
| **Mortale** | Morta |
| **Mostro** | Monstro |
| **Tuono** | Tondro |
| **Vendetta** | Venĝo |

## Moda
### Modo

| | |
|---|---|
| **Abbigliamento** | Vesto |
| **Boutique** | Boutique |
| **Caro** | Kosta |
| **Confortevole** | Komforta |
| **Elegante** | Eleganta |
| **Minimalista** | Minimalista |
| **Misure** | Mezurado |
| **Modello** | Skemo |
| **Moderno** | Moderna |
| **Modesto** | Modesta |
| **Originale** | Originala |
| **Pizzo** | Punto |
| **Pratico** | Praktika |
| **Pulsanti** | Butonoj |
| **Ricamo** | Bromado |
| **Semplice** | Simpla |
| **Stile** | Stilo |
| **Tendenza** | Tendenco |
| **Tessuto** | Tifo |
| **Trama** | Teksturo |

## Musica
### Muziko

| | |
|---|---|
| **Album** | Albumo |
| **Armonia** | Harmonio |
| **Armonico** | Harmoniko |
| **Ballata** | Balado |
| **Cantante** | Kantisto |
| **Cantare** | Kantu |
| **Classico** | Klasika |
| **Coro** | Ĥoro |
| **Lirico** | Liriko |
| **Melodia** | Melodio |
| **Microfono** | Mikrofono |
| **Musicale** | Muzika |
| **Musicista** | Muzikisto |
| **Opera** | Opero |
| **Poetico** | Poezia |
| **Registrazione** | Registro |
| **Ritmico** | Ritma |
| **Ritmo** | Ritmo |
| **Strumento** | Instrumento |
| **Vocale** | Voĉo |

## Natura
### Naturo

| | |
|---|---|
| **Animali** | Bestoj |
| **Api** | Abeloj |
| **Artico** | Arkto |
| **Bellezza** | Beleco |
| **Deserto** | Dezerto |
| **Dinamico** | Dinamika |
| **Erosione** | Erozio |
| **Fiume** | Rivero |
| **Fogliame** | Folioj |
| **Foresta** | Arbaro |
| **Ghiacciaio** | Glacero |
| **Montagne** | Montoj |
| **Nebbia** | Nebulo |
| **Nuvole** | Nuboj |
| **Santuario** | Rifuĝo |
| **Selvaggio** | Sovaĝa |
| **Sereno** | Serena |
| **Tropicale** | Tropika |
| **Vitale** | Nemalhavebla |

## Numeri
### Nombroj

| | |
|---|---|
| **Cinque** | Kvin |
| **Decimale** | Decimala |
| **Diciannove** | Dek Naŭ |
| **Diciassette** | Dek Sep |
| **Diciotto** | Dek Ok |
| **Dieci** | Dek |
| **Dodici** | Dek Du |
| **Due** | Du |
| **Nove** | Naŭ |
| **Otto** | Ok |
| **Quattordici** | Dek Kvar |
| **Quattro** | Kvar |
| **Quindici** | Dek Kvin |
| **Sedici** | Dek Ses |
| **Sei** | Ses |
| **Sette** | Sep |
| **Tre** | Tri |
| **Tredici** | Dek Tri |
| **Venti** | Dudek |
| **Zero** | Nul |

## Nutrizione
### Nutrado

| | |
|---|---|
| **Amaro** | Amara |
| **Appetito** | Apetito |
| **Bilanciato** | Ekvilibra |
| **Calorie** | Kalorioj |
| **Commestibile** | Manĝebla |
| **Dieta** | Dieto |
| **Digestione** | Digesto |
| **Fermentazione** | Fermentado |
| **Gusto** | Gusto |
| **Liquidi** | Likvaĵoj |
| **Nutriente** | # Nutra? O |
| **Peso** | Pezo |
| **Proteine** | Proteinoj |
| **Qualità** | Kvalito |
| **Salsa** | Saŭco |
| **Salute** | Sano |
| **Sano** | Sana |
| **Spezie** | Specoj |
| **Tossina** | Toksino |
| **Vitamina** | Vitamino |

## Oceano
### Oceano

| | |
|---|---|
| **Alghe** | Algoj |
| **Anguilla** | Angilo |
| **Balena** | Baleno |
| **Barca** | Boato |
| **Corallo** | Koralo |
| **Delfino** | Delfeno |
| **Gamberetto** | Salikoko |
| **Granchio** | Krabo |
| **Medusa** | Meduzoj |
| **Onde** | Ondoj |
| **Ostrica** | Ostro |
| **Pesce** | Fiŝo |
| **Polpo** | Polpo |
| **Sale** | Salo |
| **Scogliera** | Rifo |
| **Spugna** | Spongo |
| **Squalo** | Ŝarko |
| **Tartaruga** | Testudo |
| **Tempesta** | Ŝtormo |
| **Tonno** | Tinuso |

## Paesaggi
### Pejzaĝoj

| | |
|---|---|
| **Cascata** | Akvofalo |
| **Deserto** | Dezerto |
| **Dune** | Dunoj |
| **Fiume** | Rivero |
| **Geyser** | Gejsero |
| **Ghiacciaio** | Glacero |
| **Grotta** | Kaverno |
| **Iceberg** | Glacebergo |
| **Isola** | Insulo |
| **Lago** | Lago |
| **Mare** | Maro |
| **Montagna** | Monto |
| **Oasi** | Oazo |
| **Oceano** | Oceano |
| **Palude** | Marĉo |
| **Penisola** | Peninsulo |
| **Spiaggia** | Plaĝo |
| **Tundra** | Tundro |
| **Valle** | Valo |
| **Vulcano** | Vulkano |

## Paesi #1
### Landoj #1

| | |
|---|---|
| **Brasile** | Brazilo |
| **Cambogia** | Kambojo |
| **Canada** | Kanado |
| **Egitto** | Egipto |
| **Finlandia** | Finnlando |
| **Germania** | Germanio |
| **India** | Barato |
| **Iraq** | Irako |
| **Israele** | Israelo |
| **Libia** | Libio |
| **Mali** | Malio |
| **Marocco** | Maroko |
| **Norvegia** | Norvegio |
| **Panama** | Panamo |
| **Polonia** | Pollando |
| **Romania** | Rumanio |
| **Senegal** | Senegalo |
| **Spagna** | Hispanio |
| **Venezuela** | Venezuelo |
| **Vietnam** | Vjetnamio |

## Paesi #2
### Landoj #2

| | |
|---|---|
| **Albania** | Albanio |
| **Danimarca** | Danio |
| **Etiopia** | Etiopio |
| **Giamaica** | Jamajko |
| **Giappone** | Japanio |
| **Grecia** | Grekio |
| **Haiti** | Haitio |
| **Indonesia** | Indonezio |
| **Irlanda** | Irlando |
| **Laos** | Laoso |
| **Liberia** | Liberio |
| **Messico** | Meksiko |
| **Nepal** | Nepalo |
| **Nigeria** | Nigerio |
| **Pakistan** | Pakistano |
| **Russia** | Rusio |
| **Siria** | Sirio |
| **Sudan** | Sudano |
| **Ucraina** | Ukrainio |
| **Uganda** | Ugando |

## Pesca
### Fiŝkaptado

| | |
|---|---|
| **Acqua** | Akvo |
| **Attrezzatura** | Ekipaĵo |
| **Barca** | Boato |
| **Branchie** | Brikoj |
| **Cesto** | Korbo |
| **Cucinare** | Kuiristo |
| **Esagerazione** | Troigo |
| **Esca** | Logaĵo |
| **Filo** | Drato |
| **Fiume** | Rivero |
| **Gancio** | Hoko |
| **Lago** | Lago |
| **Mascella** | Makzelo |
| **Oceano** | Oceano |
| **Pazienza** | Pacienco |
| **Peso** | Pezo |
| **Pinne** | Naĝiloj |
| **Spiaggia** | Plaĝo |
| **Stagione** | Sezono |

## Piante
### Plantoj

| | |
|---|---|
| **Albero** | Arbo |
| **Bacca** | Bero |
| **Bambù** | Bambuo |
| **Botanica** | Botaniko |
| **Cactus** | Kakto |
| **Cespuglio** | Arbusto |
| **Crescere** | Kresku |
| **Edera** | Hedero |
| **Erba** | Herbo |
| **Fagiolo** | Fabo |
| **Fertilizzante** | Sterko |
| **Fiore** | Floro |
| **Flora** | Flora |
| **Fogliame** | Folioj |
| **Foresta** | Arbaro |
| **Giardino** | Ĝardeno |
| **Muschio** | Musko |
| **Petalo** | Petalo |
| **Radice** | Radiko |
| **Vegetazione** | Vegetaĵaro |

## Professioni #1
### Profesioj #1

| | |
|---|---|
| **Allenatore** | Trejnisto |
| **Ambasciatore** | Ambasadoro |
| **Artista** | Artisto |
| **Astronomo** | Astronomo |
| **Avvocato** | Advokato |
| **Ballerino** | Dancisto |
| **Banchiere** | Bankisto |
| **Cacciatore** | Ĉasisto |
| **Cartografo** | Kartografo |
| **Editore** | Redaktoro |
| **Farmacista** | Apotekisto |
| **Geologo** | Geologo |
| **Gioielliere** | Juvelisto |
| **Idraulico** | Plumbisto |
| **Infermiera** | Vartistino |
| **Musicista** | Muzikisto |
| **Pianista** | Pianisto |
| **Psicologo** | Psikologo |
| **Scienziato** | Sciencisto |
| **Veterinario** | Veterinaro |

## Professioni #2
### Profesioj #2

| | |
|---|---|
| **Astronauta** | Astronaŭto |
| **Bibliotecario** | Bibliotecario |
| **Biologo** | Biologo |
| **Chirurgo** | Kirurgo |
| **Dentista** | Dentisto |
| **Filosofo** | Filozofo |
| **Fotografo** | Fotisto |
| **Giardiniere** | Ĝardenisto |
| **Giornalista** | Ĵurnalisto |
| **Illustratore** | Ilustristo |
| **Ingegnere** | Inĝeniero |
| **Insegnante** | Instruisto |
| **Inventore** | Inventinto |
| **Investigatore** | Enketisto |
| **Linguista** | Lingvisto |
| **Medico** | Kuracisto |
| **Pilota** | Piloto |
| **Pittore** | Pentristo |
| **Ricercatore** | Esploristo |
| **Zoologo** | Zoologo |

## Psicologia
### Psikologio

| | |
|---|---|
| **Appuntamento** | Nomumo |
| **Clinico** | Klinika |
| **Cognizione** | Sciiĝo |
| **Comportamento** | Konduto |
| **Conflitto** | Konflikto |
| **Ego** | Egoismo |
| **Emozioni** | Emocioj |
| **Esperienze** | Spertoj |
| **Idee** | Ideoj |
| **Inconscio** | Senkonscia |
| **Infanzia** | Infanaĝo |
| **Pensieri** | Pensoj |
| **Percezione** | Percepto |
| **Personalità** | Personeco |
| **Problema** | Problemo |
| **Realtà** | Realo |
| **Sensazione** | Sento |
| **Subconscio** | Subkonscia |
| **Terapia** | Terapio |
| **Valutazione** | Takso |

## Ristorante #2
### Restoracio #2

| | |
|---|---|
| **Acqua** | Akvo |
| **Bevanda** | Trinkaĵo |
| **Cameriere** | Kelnero |
| **Cena** | Vespermanĝo |
| **Cucchiaio** | Kulero |
| **Delizioso** | Bonaj |
| **Forchetta** | Forko |
| **Frutta** | Frukto |
| **Ghiaccio** | Glacio |
| **Insalata** | Salato |
| **Minestra** | Supo |
| **Pesce** | Fiŝo |
| **Pranzo** | Tagmanĝo |
| **Sale** | Salo |
| **Sedia** | Seĝo |
| **Spezie** | Specoj |
| **Torta** | Kuko |
| **Uova** | Ovoj |
| **Verdure** | Legomoj |

## Salute e Benessere #1
### Sano kaj Wellness #1

| | |
|---|---|
| **Abitudine** | Kutimo |
| **Altezza** | Alto |
| **Attivo** | Aktiva |
| **Batteri** | Bakterioj |
| **Clinica** | Kliniko |
| **Fame** | Malsato |
| **Farmacia** | Apoteko |
| **Frattura** | Frakturo |
| **Medicina** | Medicino |
| **Medico** | Doktoro |
| **Muscoli** | Muskoloj |
| **Nervi** | Nervoj |
| **Ormoni** | Hormonoj |
| **Pelle** | # ha? To |
| **Postura** | Sinteno |
| **Riflesso** | Reflekso |
| **Rilassamento** | Malstreĉiĝo |
| **Terapia** | Terapio |
| **Trattamento** | Traktado |
| **Virus** | Viruso |

## Salute e Benessere #2
### Sano kaj Wellness #2

| | |
|---|---|
| **Allergia** | Alergio |
| **Anatomia** | Anatomio |
| **Appetito** | Apetito |
| **Caloria** | Kalorio |
| **Corpo** | Korpo |
| **Dieta** | Dieto |
| **Digestione** | Digesto |
| **Disidratazione** | # Senakvi? O |
| **Energia** | Energio |
| **Genetica** | Genetiko |
| **Igiene** | Higieno |
| **Infezione** | Infekto |
| **Malattia** | Malsano |
| **Massaggio** | Masaĝo |
| **Nutrizione** | Nutrado |
| **Ospedale** | Hospitalo |
| **Peso** | Pezo |
| **Sangue** | Sango |
| **Sano** | Sana |
| **Vitamina** | Vitamino |

## Scienza
### Scienco

| | |
|---|---|
| **Atomo** | Atomo |
| **Chimico** | Kemiko |
| **Clima** | Klimato |
| **Dati** | Datumo |
| **Esperimento** | Eksperimento |
| **Evoluzione** | Evoluo |
| **Fatto** | Fakto |
| **Fisica** | Fiziko |
| **Fossile** | Fosilo |
| **Gravità** | Gravito |
| **Ipotesi** | Hipotezo |
| **Laboratorio** | Laboratorio |
| **Metodo** | Metodo |
| **Minerali** | Mineraloj |
| **Molecole** | Molekuloj |
| **Natura** | Naturo |
| **Organismo** | Organismo |
| **Osservazione** | Observo |
| **Particelle** | Eroj |
| **Scienziato** | Sciencisto |

## Spezie
### Spicoj

| | |
|---|---|
| **Aglio** | Ajlo |
| **Amaro** | Amara |
| **Anice** | Anizo |
| **Cannella** | Cinamo |
| **Cardamomo** | Cardamom |
| **Cipolla** | Cepo |
| **Coriandolo** | Koriandro |
| **Cumino** | Kumino |
| **Curcuma** | Turmeric |
| **Curry** | Curry |
| **Dolce** | Dolĉa |
| **Finocchio** | Fenkolo |
| **Gusto** | Gusto |
| **Liquirizia** | Glikorico |
| **Noce Moscata** | Nutmeg |
| **Pepe** | Pipro |
| **Sale** | Salo |
| **Vaniglia** | Vanilo |
| **Zafferano** | Safrano |
| **Zenzero** | Zingibro |

## Tempo
### Tempo

| | |
|---|---|
| **Anno** | Jaro |
| **Calendario** | Kalendaro |
| **Decennio** | Jardeko |
| **Dopo** | Post |
| **Futuro** | Estonteco |
| **Giorno** | Tago |
| **Ieri** | Hieraŭ |
| **Mattina** | Mateno |
| **Mese** | Monato |
| **Mezzogiorno** | Tagmezo |
| **Minuto** | Minuto |
| **Momento** | Momento |
| **Notte** | Nokto |
| **Oggi** | Hodiaŭ |
| **Ora** | Hora |
| **Orologio** | Horloĝo |
| **Presto** | Baldaŭ |
| **Prima** | Antaŭ |
| **Secolo** | Jarcento |
| **Settimana** | Semajno |

## Tipi di Capelli
### Haraj Tipoj

| | |
|---|---|
| **Argento** | Arĝento |
| **Asciutto** | Seka |
| **Bianco** | Blanka |
| **Biondo** | Blonda |
| **Breve** | Mallonga |
| **Calvo** | Kalva |
| **Colorato** | Koloraj |
| **Grigio** | Griza |
| **Intrecciato** | Braided |
| **Liscio** | Glata |
| **Lungo** | Longa |
| **Marrone** | Bruna |
| **Morbido** | Mola |
| **Nero** | Nigra |
| **Riccio** | Bukla |
| **Riccioli** | Bukloj |
| **Sano** | Sana |
| **Sottile** | Maldika |
| **Spessore** | Dika |
| **Trecce** | Plektaĵoj |

## Uccelli
### Birdoj

| | |
|---|---|
| **Airone** | Ardeo |
| **Anatra** | Anaso |
| **Aquila** | Aglo |
| **Cicogna** | Cikonio |
| **Cigno** | Cigno |
| **Cuculo** | Kukolo |
| **Falco** | Falko |
| **Fenicottero** | Flamingo |
| **Gabbiano** | Mevo |
| **Oca** | Ansero |
| **Pappagallo** | Papago |
| **Passero** | Pasero |
| **Pavone** | Pavo |
| **Pellicano** | Pelikano |
| **Piccione** | Kolombo |
| **Pinguino** | Pingveno |
| **Pollo** | Kokido |
| **Struzzo** | Struto |
| **Tucano** | Toucan |
| **Uovo** | Ovo |

## Universo
### Universo

| | |
|---|---|
| **Asteroide** | Asteroido |
| **Astronomia** | Astronomio |
| **Astronomo** | Astronomo |
| **Atmosfera** | Atmosfero |
| **Buio** | Mallumo |
| **Celeste** | Ĉiela |
| **Cielo** | Ĉielo |
| **Cosmico** | Kosma |
| **Emisfero** | Hemisfero |
| **Equatore** | Ekvatoro |
| **Galassia** | Galaksio |
| **Latitudine** | Latitudo |
| **Luna** | Luno |
| **Orbita** | Orbito |
| **Orizzonte** | Horizonto |
| **Solare** | Suna |
| **Solstizio** | Solstico |
| **Telescopio** | Teleskopo |
| **Visibile** | Videble |
| **Zodiaco** | Zodiako |

## Vacanze #2
### Ferio #2

| | |
|---|---|
| **Aeroporto** | Flughaveno |
| **Campeggio** | Tendumado |
| **Destinazione** | Destino |
| **Foto** | Fotoj |
| **Hotel** | Hotelo |
| **Isola** | Insulo |
| **Mappa** | Mapo |
| **Mare** | Maro |
| **Passaporto** | Pasporto |
| **Ristorante** | Restoracio |
| **Spiaggia** | Plaĝo |
| **Straniero** | Fremdulo |
| **Taxi** | Taksio |
| **Tempo Libero** | Libertempo |
| **Tenda** | Tendo |
| **Trasporto** | Transportado |
| **Treno** | Trajno |
| **Vacanza** | Ferio |
| **Viaggio** | Vojaĝo |
| **Visto** | Viza |

## Veicoli
### Veturiloj

| | |
|---|---|
| **Aereo** | Aviadilo |
| **Ambulanza** | Ambulanco |
| **Auto** | Aŭto |
| **Autobus** | Buso |
| **Barca** | Boato |
| **Bicicletta** | Biciklo |
| **Camion** | Kamiono |
| **Caravan** | Karavano |
| **Elicottero** | Helikoptero |
| **Metropolitana** | Metroo |
| **Motore** | Motoro |
| **Pneumatici** | Pneŭoj |
| **Razzo** | Raketo |
| **Scooter** | Skotero |
| **Sottomarino** | Submarŝipo |
| **Taxi** | Taksio |
| **Traghetto** | Primo |
| **Trattore** | Tractor |
| **Treno** | Trajno |
| **Zattera** | Floso |

## Verdure
### Legomoj

| | |
|---|---|
| **Aglio** | Ajlo |
| **Broccolo** | Brokolo |
| **Carciofo** | Artiŝoko |
| **Carota** | Karoto |
| **Cetriolo** | Kukumo |
| **Cipolla** | Cepo |
| **Fungo** | Fungo |
| **Insalata** | Salato |
| **Melanzana** | Melanzo |
| **Patata** | Terpomo |
| **Pisello** | Pizo |
| **Pomodoro** | Tomato |
| **Prezzemolo** | Petroselo |
| **Rapa** | Rapo |
| **Ravanello** | Rafano |
| **Scalogno** | Shallot |
| **Sedano** | Celerio |
| **Spinaci** | Spinaco |
| **Zenzero** | Zingibro |
| **Zucca** | Kukurbo |

## Vestiti
### Vestoj

| | |
|---|---|
| **Abito** | Vesto |
| **Braccialetto** | Braceleto |
| **Calzini** | Ŝtrumpetoj |
| **Camicetta** | Bluzo |
| **Camicia** | Ĉemizo |
| **Cappello** | Ĉapelo |
| **Cappotto** | Mantelo |
| **Cintura** | Zono |
| **Collana** | Koliero |
| **Giacca** | Jako |
| **Gonna** | Jupo |
| **Grembiule** | Antaŭtuko |
| **Guanti** | Gantoj |
| **Maglione** | Seveter |
| **Moda** | Modo |
| **Pantaloni** | Pantalono |
| **Pigiama** | Piĵamo |
| **Sandali** | Sandaloj |
| **Scarpa** | Ŝuo |
| **Sciarpa** | Skulo |

# Congratulazioni

**Ce l'hai fatta!**

Speriamo che questo libro vi sia piaciuto tanto quanto a noi è piaciuto concepirlo. Ci sforziamo di creare libri della più alta qualità possibile.
Questa edizione è progettata per fornire un apprendimento intelligente, di qualità e divertente!

Le è piaciuto questo libro?

-------

## Una Semplice Richiesta

Questi libri esistono grazie alle recensioni che pubblicate.

Puoi aiutarci lasciando una recensione
ora a questo link ?

BestBooksActivity.com/Recensioni50

# SFIDA FINALE!

## Sfida n°1

Sei pronto per il tuo gioco gratuito? Li usiamo sempre, ma non sono così facili da trovare - ecco i **Sinonimi!**

Scrivi 5 parole che hai trovato nei puzzle (n° 21, n° 36, n° 76) e prova a trovare 2 sinonimi per ogni parola.

*Scrivi 5 parole del* **Puzzle 21**

| Parole | Sinonimo 1 | Sinonimo 2 |
|--------|------------|------------|
|        |            |            |
|        |            |            |
|        |            |            |
|        |            |            |
|        |            |            |

*Scrivi 5 parole del* **Puzzle 36**

| Parole | Sinonimo 1 | Sinonimo 2 |
|--------|------------|------------|
|        |            |            |
|        |            |            |
|        |            |            |
|        |            |            |
|        |            |            |

*Scrivi 5 parole del* **Puzzle 76**

| Parole | Sinonimo 1 | Sinonimo 2 |
|--------|------------|------------|
|        |            |            |
|        |            |            |
|        |            |            |
|        |            |            |
|        |            |            |

# Sfida n°2

Ora che ti sei riscaldato, scrivi 5 parole che hai trovato nei puzzle n° 9, n° 17 e n° 25 e cerca di trovare 2 contrari per ogni parola. Quanti ne puoi trovare in 20 minuti?

### Scrivi 5 parole del **Puzzle 9**

| Parole | Antonimo 1 | Antonimo 2 |
|---|---|---|
|  |  |  |
|  |  |  |
|  |  |  |
|  |  |  |
|  |  |  |

### Scrivi 5 parole del **Puzzle 17**

| Parole | Antonimo 1 | Antonimo 2 |
|---|---|---|
|  |  |  |
|  |  |  |
|  |  |  |
|  |  |  |
|  |  |  |

### Scrivi 5 parole del **Puzzle 25**

| Parole | Antonimo 1 | Antonimo 2 |
|---|---|---|
|  |  |  |
|  |  |  |
|  |  |  |
|  |  |  |
|  |  |  |

# Sfida n°3

Grande! Questa sfida non è niente per te!

Pronto per la sfida finale? Scegli 10 parole che hai scoperto nei diversi puzzle e scrivile qui sotto.

| 1. | 6. |
|---|---|
| 2. | 7. |
| 3. | 8. |
| 4. | 9. |
| 5. | 10. |

Ora scrivi un testo pensando a una persona, un animale o un luogo che ti piace.

*Puoi usare l'ultima pagina di questo libro come bozza.*

## La tua composizione:

# TACCUINO:

# A PRESTO!

*Tutta la Squadra*

**BESTACTIVITYBOOKS.COM/FREEGAMES**

www.ingramcontent.com/pod-product-compliance
Lightning Source LLC
Chambersburg PA
CBHW082052120626
46553CB00011B/3373